中华复兴之光
神奇建筑之美

古村人间佳境

胡元斌 主编

汕头大学出版社

图书在版编目（CIP）数据

古村人间佳境 / 胡元斌主编. -- 汕头 ：汕头大学
出版社，2016.3（2023.8重印）
　（神奇建筑之美）
　ISBN 978-7-5658-2454-8

　Ⅰ．①古… Ⅱ．①胡… Ⅲ．①古建筑－介绍－安徽省
Ⅳ．①K928.71

中国版本图书馆CIP数据核字（2016）第044001号

古村人间佳境　　　GUCUN RENJIAN JIAJING

主　　编：胡元斌
责任编辑：宋倩倩
责任技编：黄东生
封面设计：大华文苑
出版发行：汕头大学出版社
　　　　　广东省汕头市大学路243号汕头大学校园内　邮政编码：515063
电　　话：0754-82904613
印　　刷：三河市嵩川印刷有限公司
开　　本：690mm×960mm　1/16
印　　张：8
字　　数：98千字
版　　次：2016年3月第1版
印　　次：2023年8月第4次印刷
定　　价：39.80元
ISBN 978-7-5658-2454-8

前　言

　　党的十八大报告指出："把生态文明建设放在突出地位，融入经济建设、政治建设、文化建设、社会建设各方面和全过程，努力建设美丽中国，实现中华民族永续发展。"

　　可见，美丽中国，是环境之美、时代之美、生活之美、社会之美、百姓之美的总和。生态文明与美丽中国紧密相连，建设美丽中国，其核心就是要按照生态文明要求，通过生态、经济、政治、文化以及社会建设，实现生态良好、经济繁荣、政治和谐以及人民幸福。

　　悠久的中华文明历史，从来就蕴含着深刻的发展智慧，其中一个重要特征就是强调人与自然的和谐统一，就是把我们人类看作自然世界的和谐组成部分。在新的时期，我们提出尊重自然、顺应自然、保护自然，这是对中华文明的大力弘扬，我们要用勤劳智慧的双手建设美丽中国，实现我们民族永续发展的中国梦想。

　　因此，美丽中国不仅表现在江山如此多娇方面，更表现在丰富的大美文化内涵方面。中华大地孕育了中华文化，中华文化是中华大地之魂，二者完美地结合，铸就了真正的美丽中国。中华文化源远流长，滚滚黄河、滔滔长江，是最直接的源头。这两大文化浪涛经过千百年冲刷洗礼和不断交流、融合以及沉淀，最终形成了求同存异、兼收并蓄的最辉煌最灿烂的中华文明。

五千年来，薪火相传，一脉相承，伟大的中华文化是世界上唯一绵延不绝而从没中断的古老文化，并始终充满了生机与活力，其根本的原因在于具有强大的包容性和广博性，并充分展现了顽强的生命力和神奇的文化奇观。中华文化的力量，已经深深熔铸到我们的生命力、创造力和凝聚力中，是我们民族的基因。中华民族的精神，也已深深植根于绵延数千年的优秀文化传统之中，是我们的根和魂。

　　中国文化博大精深，是中华各族人民五千年来创造、传承下来的物质文明和精神文明的总和，其内容包罗万象，浩若星汉，具有很强文化纵深，蕴含丰富宝藏。传承和弘扬优秀民族文化传统，保护民族文化遗产，建设更加优秀的新的中华文化，这是建设美丽中国的根本。

　　总之，要建设美丽的中国，实现中华文化伟大复兴，首先要站在传统文化前沿，薪火相传，一脉相承，宏扬和发展五千年来优秀的、光明的、先进的、科学的、文明的和自豪的文化，融合古今中外一切文化精华，构建具有中国特色的现代民族文化，向世界和未来展示中华民族的文化力量、文化价值与文化风采，让美丽中国更加辉煌出彩。

　　为此，在有关部门和专家指导下，我们收集整理了大量古今资料和最新研究成果，特别编撰了本套大型丛书。主要包括万里锦绣河山、悠久文明历史、独特地域风采、深厚建筑古蕴、名胜古迹奇观、珍贵物宝天华、博大精深汉语、千秋辉煌美术、绝美歌舞戏剧、淳朴民风习俗等，充分显示了美丽中国的中华民族厚重文化底蕴和强大民族凝聚力，具有极强系统性、广博性和规模性。

　　本套丛书唯美展现，美不胜收，语言通俗，图文并茂，形象直观，古风古雅，具有很强可读性、欣赏性和知识性，能够让广大读者全面感受到美丽中国丰富内涵的方方面面，能够增强民族自尊心和文化自豪感，并能很好继承和弘扬中华文化，创造未来中国特色的先进民族文化，引领中华民族走向伟大复兴，实现建设美丽中国的伟大梦想。

目 录

婺源古村

　　江西省婺源地处赣东北，与皖南、浙西毗邻。婺源古村，是当今我国古建筑保存最多、最完好的地方之一。已被国内外誉为"中国最美丽的农村"。

　　古村以山、水、竹、石、树、木、桥、亭、涧、滩、岩洞、飞瀑、舟渡、古民居为组合的景观，有着世外桃源般的意境，犹如一幅韵味无穷的山水画。

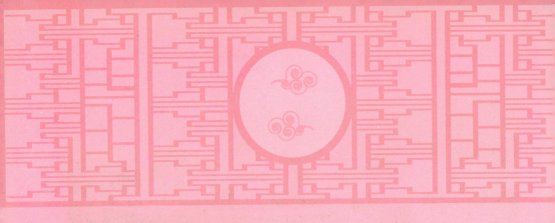

徽商和官员在婺源大建房屋

在我国古代，有两大著名的商派，他们是晋商和徽商。其中，徽商是当时商界的佼佼者，自古就有"无徽不成商"之说。

　　然而，徽商中最厉害的商人却在古徽州六县之一的婺源地区。为此，在徽商里又有"无婺不成徽"之说。不过，这出徽商的婺源地区最初的时候只是一个穷山沟，这里是：

　　　　八分半山一分田，半分水路和庄园。

　　也就是说，这里山多地少，人口多。所以当地的婺源流传着一句俗话：

　　　　前世不修，生在徽州，十三四岁往外一丢。

　　从这句俗话中，我们可以知道，当时婺源男子的命运是非常苦的。为了生活得更好，古代的婺源人只能出去经商。

据说，婺源古人很多都是做茶叶和木材生意的，这些生意人慢慢形成了一个商派，就是"徽商"。

话说，这婺源的商人们在外地挣了钱以后，便回到自己的家乡修造氏族宗祠和家室府第。由于去外地经商的人越来越多，所以回到婺源修房子的人也就越来越多，如此一来，婺源一带的房子也就渐渐地多了起来。

另一方面，在婺源本地也有一些不愿意经商的穷人，他们为了出人头地，便努力读书，考取功名，如此一来，婺源后来便出了很多读书人。这些读书人有的一举成名，当上了地方官。之后，他们也回到家乡建起了官邸，光宗耀祖。

修建的房子多了，渐渐地，婺源一带便成了一个著名的乡村，后来又成了一个古老的县城。

婺源地区建立县制的时候，是在1200多年前，据史书记载，740

年，为便于统治，唐玄宗李隆基决定设置婺源县，将安徽休宁县的回玉乡和江西乐平县的怀金乡划归婺源县管辖，县城设在清华镇。

到了901年，县城迁至弦高，即今日的紫阳镇。建县时，婺源隶属歙州管辖。

以后历经宋、元、明、清各代，尽管歙州的隶属有所变化，但是婺源隶属歙州的管辖一直没有变化。1121年，歙州改称徽州，因此，历史上的徽州一府六县就是这样形成的。

从婺源建县1200多年历史来看，婺源地区归安徽管辖。也正是因为如此，婺源地区的古老村落至今仍完整地保持着徽派建筑的风貌。

这些古建筑群，是当今我国保存最多、最完好的古建筑之一。全县至今仍完好地保存着明清时代的古祠堂113座、古府第28栋、古民宅36幢和古桥187座。村庄一般都选择在前有流水、后靠青山的地方。

村前的小河、水口山、水口林和村后的后龙山上的林木，历来得到村民悉心保护，谁要是砍了山上的一竹一木，就要受到公众的谴责和乡规民约的处罚。

古村落选址一般按照阴阳五行学说，周密地观察自然和利用自然，以臻天时、地利、人和和诸吉兼备，达到"天人合一"的境界。

村落一般依山傍水，住宅多面临街巷，粉墙黛瓦，鳞次栉比，散落在山麓或丛林之间，浓绿与黑白相映，形成特色。

同时有大量的文化建筑，如书院、楼阁、祠堂、牌坊、古塔和园林杂陈其间，使得整个环境富有文化气息和园林情趣。站在高处望村落，只见白墙青瓦，层层叠叠，跌宕起伏，错落有致。

走进古村落，可以看到爬满青藤的粉墙，长着青苔的黛瓦，飞檐斗角的精巧雕刻，剥落的雕梁画栋和门楣。古村落的民居建筑群，户连户，屋连屋，鳞次栉比，灰瓦叠叠，白墙片片，黑白相间，布局紧凑而典雅。门前听流水，窗外闻鸟啼。

这些徽派建筑房屋多为1至3层穿斗式木构架，封火山墙，青瓦坡顶，清水砖墙或白粉墙。

房屋布局常为3开间，前后六井，格局严谨而又富有文化，善于结合自然环境组成和谐、有趣、统一的建筑空间。

　　在民居的外部造型上，层层跌落的马头墙高出屋脊，有的中间高两头低，微见屋脊坡顶，半掩半映、半藏半露、黑白分明；有的上端人字形斜下，两端跌落数阶，檐角青瓦起垫飞翘。

　　在蔚蓝的天际间，勾勒出民居墙头与天空的轮廓线，增加了空间的层次和韵律美，体现了天人之间的和谐。

　　这些民宅多为楼房，以"四水归堂"的开井院落为单元，少则两三个，多则十几个、二十几个，最多达36个。

　　随着时间推移和人口增长，单元还可以不断增添、扩展和完善，符合徽人崇尚几代同堂、几房同堂的习俗。民居前后或侧旁，设有庭院和小花园，置石桌石凳，掘水井鱼池，植花卉果木，甚至叠果木、叠假山、造流泉、饰漏窗，将自然"引入"室内，体现出谐和之美。

　　在内部装饰上力求精美，梁栋檩板无不描金绘彩，尤其是充分运用木、砖、石雕艺术，在斗拱飞檐、窗棂槅扇、门罩屋翎、花门栏杆、神位龛座，精雕细刻。

内容有日月云涛、山水楼台等景物，花草虫鱼、飞禽走兽等画面，传说故事、神话历史等戏文，还有耕织渔樵、仕学孝悌等民情。

题材广泛，内容丰富，雕刻精美，活生生一部明清风情长卷，赋予原本呆滞、单调的静体以生命，使之跃跃欲动，栩栩如生。

此外，村内还保存众多的明清祠堂、牌坊，建筑风格也颇具特色，与明清民居一起被称为"古建三绝"。

矗立于县城的许国石坊、北岸吴氏祠堂的石雕《百鹿图》和《西湖风景》，大阜潘氏祠堂的"五凤楼"砖雕和《百马图》木雕，分别体现了徽派"三雕"艺术的最高水平。

古村内明代建筑的风格疏朗高雅；清代建筑多纤巧精致。这些数百年前的古建筑是我国古代人民劳动和智慧的结晶，是不朽的艺术杰作，几经沧桑，得以留存至今，成为古建筑艺术不可多得的瑰宝。

知识点滴

关于婺源县名称的解释，众家说法不一。婺字的意义，《辞海》是这样说的：一、古星名，即"女宿"，旧时用作对妇人的颂词，如婺焕中天；二、水名，为对金华一江的别称。

《现代汉语词典》是这样说的：一、婺江，水名，在江西；二、指旧婺州，在浙江金华一带。

对婺源的解释，归纳各派说法，大致可以分为三种：一是以"婺水绕城三面"，所以叫这个名；二是"旧以县本休宁地，曾属婺州，取上应婺女之说"，所以叫婺源；三是"以县东大镛水流入婺州"，所以叫婺源。

纯朴的明清古建筑遍布各村落

　　婺源是一个山明水秀的地方。它位于江西省东北部，与安徽、浙江两省交界，刚巧处于黄山、庐山、三清山和景德镇金三角区域。

　　作为一个历史悠久的古县，婺源自唐代建县以来，文风昌盛，先后养育了南宋理学大师朱熹、清代经学家江永、近代铁路工程大师詹天佑等一代名流。从宋到清，全县考取进士550人，明清朝竟有"一门九进士，六部四尚书"之说。

　　这里民风纯朴，文风鼎盛，名胜古迹遍布全县。有保持完美的明清古建筑，有田园牧歌式的氛围和景色。整个儿

就是一幅未干的水粉画，又有莫奈的印象派的影子，处处都散落着可以谋杀胶卷的美，被人称为"中国最美丽的农村"。

这里现存的江湾、汪口、延村和思溪、李坑等古村落，比较集中地体现了明清时期的徽州建筑风格。

其中，江湾是婺源地区的东大门，也是婺源通往皖、浙、赣三省水陆交通的要道。有一水湾，环村而过，村名云湾。后因这里江姓繁盛，于是改名江湾。

江湾村从北方后龙后山到南西梨园河边，明晰地分成三个区域：山脚下保留着部分寨墙的区域称"古江湾"，明清商业街叫"老江湾"，临近河边是"新江湾"。

江湾村不仅风光旖旎，且物产非常丰富，"江湾雪梨"久负盛名，是婺源"红绿黑白"四"色"中的一色。

所谓"四色"是指：红鱼、绿茶、龙尾砚、白梨。为此，江湾村由江西省人民政府命名为"历史文化名村"。

婺源的汪口村是个商埠名村。古建筑保存至今的有：俞氏宗祠、养源书屋以及民居、商铺等260多幢。

其中，明代建筑10多幢，清代建筑250多幢。历史上这里有进士14人，任七品以上官员74人，村人共著有著作27部。

汪口，古称"永川"，处于山水环抱之间。村落背靠的后龙山，呈五级升高的台地。江湾水汇入段莘水以后，在村南侧由东向西流过，明净如练的河水因村对岸的向山阻拦出现U形弯曲，形成村前一条"腰带水"。

古时此地是徽州、饶州间的陆路要冲，也是婺源水路货运去乐平、鄱阳湖、九江的起点码头。

汪口是俞姓聚族而居的古村落，人烟稠密，商贾云集，是一个商业贸易集镇。

汪口是一个重要的水陆码头。河中横卧了200多年的"江永堨"完好如初，它就是一座水坝，坝体提高了水位，东端连接河岸。

村东"俞氏宗祠"，是婺源现存宗祠中最完整、华丽的一处，与黄村的"百柱厅"齐名。由大门、享堂、后寝组成，形制虽不甚特别，但享堂前与左右侧廊交接的阴角上，向院子挑出一个高翘的翼角，角梁下悬一个垂花柱，构架雕刻得很华丽。

俞氏宗祠总进深44米，大门处面阔15米，后寝处16米 。这种做法出于堪舆要求，前小后大，形如口袋，利于聚财。反之，假如前大后小，形如簸箕，在建筑风水角度上说，就是散财的了，不吉利。

俞氏宗祠大门五开间，中央三间高，歇山顶三楼牌楼式，谓之"五凤楼"。明间最高，用网状斗拱，次间用斜向的五跳插拱密密层层叠压。稍间向前突出，作青砖八字影壁。前檐柱之间设签子门。

大门的背面与前面基本相同，明间上方匾"生聚教训"。骑门梁中间开光盒子里以及明间、次间所有花枋，满雕人物故事、园林场景和各种吉祥纹样。

两廊各3间，前檐有过海梁。其他枋雕场景生动，构图宏伟。享堂主梁是一棵罕见巨大的银杏树，整个祠堂所用木材大多是樟木。

这里安静清洁，不积灰尘，连鸟儿也不来搭巢。据说是由于建筑物所处地理位置，对建筑结构精心设计，在祠堂某些空间形成特殊的空气旋流，加之樟木具有樟脑气味，才形成如此优异的清洁环境。

婺源境内的延村和思溪村，民居以优雅的儒商村落景观为特色。出婺源县城北便是延村。

延村，原名"延川"，明初起改叫延村。位于山谷平川里。南北两面不远就是山，山在村东互相逼近，挤成斜向东北的峡谷。村西是一片水田，一直铺开到约一里路外的思溪村，再向西延伸。

一条溪水经思溪而来，贴村子南缘向东北冲进峡谷，水流湍急，翻着白花。据说从前一列列的木排就是顺着这条思溪水，漂向思口，漂向县城，下鄱阳湖，运达长江。

延村是茶商名村，婺源古属徽州，而延村、思溪的商人，就是当年"徽商"中的主力商贩。

往延村西边走一里多路就是思溪。延村在溪水北岸，思溪在南岸，同样是"腰带水"地形。

思溪村始建于1199年，先祖由长田村迁来。多俞姓，俞音谐鱼，鱼思溪水，故名思溪。

整个村子设计成了船形。村口有一座风雨桥。进村必须过桥。桥名"通济"，一墩两跨，桥上建有廊亭，八开间。桥面两侧有靠凳栏杆，是全村唯一公共交谊中心，也是一个商业点。

延村和思溪的民居规模庞大，造型考究。木质的二层品架，外围以高耸的出山马头封火墙。住宅紧挨着住宅，封火山墙也是宅第之间

的界线。青条石门框门楣，水磨青砖雕琢镶嵌装饰的门楼。

堂屋有三间式、四合式、大厅式、穿堂式，均以"天井"采光和导引雨水。大户豪宅楼上楼下有房多达20余间，天井也有多个。

村中所有街巷都是青石板铺墁。即使雨雪满天在此串门入户，从村头到村尾，衣裳可以不湿。

内部的梁枋、斗拱、门楣、窗棂、雀替、护净之上，皆雕满吉祥寓意的纹饰，表达主人良好的愿望和期许。

思溪延村的古建筑有一种集体的美。2003年，延村由江西省人民政府命名为"历史文化名村"。

婺源的李坑村位于县城东北，属秋口镇。此村于1011年，李唐皇室后裔始建。《家谱》载：

始迁祖洞公，字文瀚，名祁徽。生宋太祖开宝元年戊辰正月初七辰时。祥孚庚戌自祁浮溪新田迁婺东塔子山。辛亥迁于理源双峰下，改理源为理田。有记于盘谷道院。构书屋课子。

由此可见李氏聚居于此将近千年。一个小小的村落，宋代以后，竟出了12名进士，可谓文风鼎盛。

李仁，北宋天禧元年任征南先锋，以功封安南武毅大将军，加封光禄大夫。南宁乾道三年的武状元李知诚，是位儒将，授忠翊，改武经郎，转军抚司事。

宋末，李芾，咸淳元年知临安府，为人忠直，不诌事贾似道，被黜，后任湖南镇抚使兼潭州知州，殉国后，赠端明殿水学士，谥忠节。李坑村有忠观阁，专为纪念他而建。

李坑村的主体位于一个东西狭长的山谷里。山谷东端是一个封闭的盆地，都是水田。两条小溪，都发源于盆地，一叫上边溪，一叫下边溪。上边溪流向正西，下边溪由南侧西流、转而偏西北。两溪在村中心汇合，汇合后继续西流。出村约百米，溪流折而向北去了。

风水学认为，"水向西流必富"。李坑的格局，很讲究风水。生于元末的李坑人李景溪，是著名的风水大师。他既然闻名全国，也就对家乡李坑的规划布局有所影响了。李坑保存有明清建筑数十幢。四幢明代旧宅，都没有前院，附属建筑面积较小。做法和风格上的特点很显著，与延村、思溪的一样。

天井里有"冂"形且相当深的明沟，显见当年屋檐末置天

沟。楼上和楼下高度相近，而不是上低下高，相差悬殊。厢房和正屋之间没有"退步"。隔扇朴素，隔心用横直棂子，没有雕饰。有的楼上的护净采用竹篾纺织成六角格眼。

李坑的明代建筑还有别于他处的特点：金砖铺地，即净不雕饰；木质柱础，而不用石础。其中，最富有情趣而明代的建筑特点却略显不足的是"鱼塘屋"。在东南角，是一座园林式的建筑物。3间正房，2层，尺度偏小，有前廊，但前檐柱间全作通间槛窗。

窗外是一方水池，石砌，围以石栏。绕池有卵石拼花小径，径外花坛，花木扶疏，有一棵高高的紫荆树，显现这里的确年代久远了。

园子里南墙外正是上边溪向西北的偏转处，对岸山坡有茂林修竹。鱼塘屋原是过去一处读书的轩，即《家谱》中所载的"上边坞学堂屋"。

值得一提的是，婺源县城乡今天人们建造的公寓、酒楼和民舍，也按县政府要求，均为清一色的明清式建筑，与古代的建筑交相辉映。

婺源人说：婺源的古树无不具人文情怀。史载1176年，朱熹从福建返回祖籍婺源，曾入山扫墓，亲手栽杉24棵，当年县令派兵驻守，建"积庆亭"并立碑一方，上刻"枯枝败叶，不得到动"。文公山古杉经历800多年，尚存16棵，棵棵古木，直插云霄，郁郁葱葱，成为江南罕见的古杉群。

这里的大泡香榧树，传说是明代户部尚书游应乾还乡扫墓时，嘉靖皇帝赏赐的树苗，含有"流芳千古"之意。游应乾亲自栽在祖坟上，迄今已400多年。

培田古村

　　位于福建闽西客家山区的连城县，素以城东的冠豸山闻名遐迩。在县城西南方保存了一片明清的古民居建筑群，它就是由清一色的吴姓氏人所居住的村庄培田村。村庄始建于宋朝末年，至今已有800多年的历史。

　　古村主要由30幢高堂华屋，21座宗祠，6家书院，和一条千米古街组成。村内以典型的客家"九厅十八井"的建筑特色闻名于世，它与客家土楼、围屋并称世界客家建筑三大奇葩。

吴氏先祖先办书院再建庄园

　　培田古村坐落在福建龙岩连城县宣和乡境内，是一个已有800多年历史，至今却依然保存完好的连片成群、没有围墙的美丽客家庄园。

　　村庄内的古建筑群由30幢高堂华屋、21座古祠、6家书院、两道跨街牌坊和一条千米古街构成。最大的建筑九厅十八井，占地6900平方

米。各座建筑布满浮雕、楹联、名
匾等，工艺精巧、十分壮观。

古村被称作十大中国最美的村
镇之一。一些建筑专家和国外友人
前来考察后认为，这是人类建筑史
上的一枝奇葩，是我国不可多得的
历史文化遗产。

据说，关于这个村庄的始建要
追溯到南宋时期，当时，这个村里
有11个姓，吴姓的先祖于1344年迁
至培田，后来，因吴姓中出了大
官，逐渐昌盛，其他姓氏由于各种原因，陆续迁走，慢慢形成了全为
吴姓的村落。

在这里开基创业的吴氏先人，秉承中原儒家文化，重视教育，创
办书院，几百年来人才辈出。

明成化年间，吴氏先祖伐木割草，创办"石头丘草堂"，聘进士
出身的谢桃溪"课二三弟子以读诗书"，校园虽小，却是"开河源
十三坊书香之祖"。

以后，"草堂"逐步扩大建筑面积，吸收更多的生源，最终成了
著名的"南山书院"。此书院从1672年至1766年间，培养出190多位秀
才。现有明代兵部尚书裴应章刻于书院大门两侧的赠联：

距汀城郭虽百里；

入孔门墙第一家。

明末，培田村又增开了"十倍山书院""云江书院""紫阳书院""等天学堂"。

正是由于这样的努力，才使他们的后世子孙能在后来的岁月中出人头地、光宗耀祖，实现他们的价值追求。村中那"九厅十八井"的建筑就代表着培田村这样的成功。

这"九厅十八井"简单说就是：9个厅堂，18个天井。其中，九厅，指的是门楼厅、下厅、中厅、后厅、楼下厅、楼上厅、楼背厅、左花厅、右花厅共9个正向大厅；十八井则是指厅堂之间的下水18口天井，5进厅共5井，横屋两直边每边5井共10井，楼背厅有3井。

九厅十八井的设计构思秉承"先后有序、主次有别"的传统观念，厅堂内高大宽阔，纵主横次，厅、厢配套、主体、附房分离，采光、通风、排水、卫生设施科学合理。

另外，它能够使各种人才施展在建筑技术方面的艺术才能，造出飞檐翘角、雕梁刻柱。

九厅各有功用。上厅供祭祀、议事，中厅接官议政，偏厅会客交友，楼厅藏书课子，厢房横屋起居炊沐，集政、住、居、教于一体。

厅堂后部往往有太师壁，供奉着神像或者是祖先的画像，墙上常常贴着书法或者对联。

据说，培田村在清明时期，地处长汀、连城两县官道的驿站上，同时又是汀州、龙岩等地竹、木、土纸及盐、油等日用百货的水陆中转站。

清代邮传部官员项朝兴为此在"至德居"题联：

庭中兰蕙秀；
户外市尘嚣。

对联如实描述了当时培田村庭内的优雅和街市的繁华。

村落结构中心是一条长长的古街，街西有二十几座宗祠，街东有

三十几座民居和驿站。曲折的古街与幽深的巷道勾通，把错落的民居建筑连为一体。

千米古街最盛时有多家商铺，至今仍保存完好的有二十几间。经营范围包括豆腐、肉类、酒类、花生糕饼、京果杂货、蜡烛、理发、裁缝、丝线绸布、竹木制品、纸业、医疗药品、客栈、轿行乃至赌庄，人类的衣食住行几乎无所不包。

这说明了在明清时期当地商品经济的发达和繁荣达到了空前的程度，也显示了客家村落包含的我国封建社会时期灿烂的农业文明。

同时，培田村还有着优越的自然地理环境。从西北方向蜿蜒而来的武夷山余脉南麓的松毛岭，挡住了西北的寒流与霜害，也恰好成了培田村的坐龙。村落绕着松毛岭东坡突出的高岭北、东、南三面环山布置，主要民居朝向东面和东南面。

汀江上游朋口溪的河源溪从北、东、南三面绕村而过，给古村落带来了丰足的水源。村落正东的笔架山防御着夏秋台风的侵袭，也成了古村落的朝山，笔架又体现了人们崇尚文化、"耕读传家"的传统

理念。

正是培田村钟灵毓秀的自然环境和重要的地理位置，以及客家先祖长期耕读为本和勤勉立业的精神，历经百年风雨，最后形成了培田村深厚的历史文化和经济的空前鼎盛，并为后人留下了宝贵的明清客家乡土建筑群。

从明朝成化年间的石头丘草堂到清末的南山书院，培田代代出人才。从古到今，在"学而优则仕"的选才制度下，从培田走出了多少精英人物。

清嘉庆年间，当朝宰相王杰，就试取了培田人吴腾林、吴元英为武秀才，吴发滋为文秀才。自乾隆到光绪年间，先后出了邑庠生、郡庠生、国学生、贡生等120人。

其中3名举人、1名翰林、1名武进士，有5名被诰封或敕赠大夫；有19人平步仕途：8人领九品衔、4人八品冠带、5人领五品衔、1人为三品宫廷内侍。这些都成为培田人的骄傲。

知识点滴

村内鳞次栉比的古建筑群

　　培田古村，被誉为"福建省民居第一村"，以古老的民居建筑闻名于世。

　　它坐落在三面环山的一块狭长又较开阔平坦的地带上，青山下一条清澈的溪河依着山形地貌呈外弧形，玉带般地蜿蜒环绕村庄而过，

把房屋和田园分开。

村庄里气势宏大、鳞次栉比的明清古建筑组成的整体，简直是座迷宫。村内建筑，如大夫第、进士第、都阃府、官厅等，还有衍庆堂、济美堂、务本堂、思敬堂、敦朴堂、双善堂、教五堂，多为九厅十八井的格局。

培田村的村口矗立着一座古老的牌坊，这是培田村历史上最高位的官，也就是御前三品衔蓝翎侍卫吴拔祯得皇帝恩准，在光

绪年间建造的。牌坊中间写着"恩荣"两个字，牌坊两侧的柱子上还有一副对联。

在清朝，不论文官武将到此，文官下轿，武官下马，一律步行。五品以上的官员可以从中间的大门走过，而五品以下的官员却只能走两侧的大门。透过它，我们可以看到培田先辈曾经有的辉煌。

从牌坊的中间大门进入，就可以看见飞檐翘角的文武庙。

此庙在培田村的西南方位，依傍在河源溪旁。庙内上祀文圣孔子，下祀武圣关羽，文武同庙，被誉为客家一绝而扬名中外。

在文武庙后面，是云宵庵和文昌阁。从文昌阁后面的村道继续向前，便是以"大夫第""官厅"、都阃府、双灼堂、吴家大院和进士第等为代表的民居建筑群。

其中，"大夫第"因主人吴昌同恩授奉直大夫，诰封昭武大夫而

立，它又取中庸"善继人之志，善述人之事"而名"继述堂"。

　　此堂始建于1829年，于1840年建成。厅高堂阔，宴请120张桌客可不出户；设计构思秉承"先后有序、主次有别"的传统观念。纵主横次，厅、厢配套，主体、附房分离。通风、采光、排水、卫生，连同子孙的发展都纳入规划之中。

　　雕刻工匠，三代相传；"采柴""卖鱼""借伞""过檀溪"梁花、枋花幅幅藏典故、呈吉祥；挑梁式梁枋结构以其"墙倒屋不塌"的特点被中外专家称为世界一流的防震建筑；科学的布局规划，舒适安逸的功效，精湛的工艺，使法国一位建筑博士三临考察，称赞它是"建筑工艺与科技的完美结合"。

　　大夫第距今已有170多年的历史，是继福建龙岩市永定土楼之后被人们发现的又一处保存完好的客家民居，堪称建筑瑰宝。村庄内的

"官厅",原称"大屋",相传为培田十四世祖吴纯熙所建。

据说,吴纯熙当年无意间得天意,挖到八桶金。他造屋的气魄也犹如天助,洋洋洒洒,一气建造了七幢大屋,其中"官厅"气势尤为恢宏,是培田古民居中的建筑精品。

在清代乾隆年间,大学士纪晓岚听说培田村以"文墨之乡"享誉汀连,不以为然,于是微服巡访,到了官厅,一见"业继治平""斗山并峙"的横匾,便为其笔墨间的气贯长虹之势所震撼。

入门后,纪晓岚又见中厅后堂设"三泰阶",就是中厅地面高出一截,五品以上官员才能入座。连太师椅也分出官阶高低,不禁叹服,培田果然是钟灵毓秀,文儒之风盛行的宝地。

其实吴纯熙没做过什么大官,官厅原本也只是一座大屋,只是建筑的气势官气十足,足以接待各路官员,久而久之就成了"官厅"。

官厅的十足官气还见于细部装饰,漆色稳重和谐。梁柱窗雕全部鎏金,中厅隔扇绘刻"丹凤朝阳""龙腾虎跃""王侯福禄""孔雀开屏"的图案,均为九重鎏金透雕,工艺精湛,堪为雕刻艺术精品。

当年的官厅是集政、经、居、教为一体的大宅。宅内设宗族议事厅,乡贤名绅休闲会馆、学馆、藏书阁等,楼上厅的藏书阁原有2万多册古籍,可惜已经因战乱遗失了。

纯熙公一生的理想都砌在这座

大屋里。官厅历经几百年风风雨雨，如今虽少了当年的辉煌，但依然是培田的脸面。

培田村的都阃府又名世德堂，是一座三进三开间带单侧横屋的民居。都阃是官名，即都司，都阃府就是都司府。这是武进士吴拔祯父亲的宗祠，规模虽小，却很精细。可惜该府第毁于一场大火，只剩下断壁残垣和几件遗留下来的东西。

一是门口的两根石龙旗，也称石笔，顶塑笔锋，斗树龙旗，威武挺拔，直插云天，它是主人文武竞秀的象征。

二是前庭院也称雨坪中的用各式河卵石精铺而成的"鹤鹿同春图"。图中无论是鹤还是鹿、松都形神毕肖、活灵活现。

三是一通介绍主人生平的共800余字的"墓志表"铜石碑。它是由清兵部尚书贵恒篆额，户部主事李英华撰文，泉州状元吴鲁作书，北京琉璃厂名师高学鸿刻石。此碑集四美于一体，通称四绝碑。

双灼堂是培田古民居中建筑最精湛、集科技与艺术于一体的"九厅十八井"式的合院建筑。它四进三开间带横屋对称布局，又因前方

后圆的"围拢屋式"平面而别具一格。

此堂的门匾上写着"华屋万年"4个大字，上面隐藏着主人吴华年的名字，大门两侧有一副对联：

　　　　　　屋润小康迎瑞气；
　　　　　　万金广厦庇欢颜。

这副对联体现了客家人祈望安居，追求小康的纯朴愿望。

过了大门，进入一个中型庭院，门额上题"乐善好施"。庭院中两厢照壁花木掩映，窗棂通透。左右相对的两幅题额："南山毓秀"与"北斗增辉"相映成趣。

庭院两侧对称设有一对侧厅堂，自成一厅两房带小天井布局，分别有小门与庭院和横屋联系。

过了前厅、中厅、后厅之后，进入一个横向庭院，也就是围拢屋的后龙，后龙设一厅十房，为家庭做杂物的小院。

双灼堂装饰的主要特色有：

一是建筑装饰精细。厅堂的屏风、窗扇、梁头、雀替等部位都精雕细刻，雕刻的图案栩栩如生、含义深刻。尤其是堂前8块精美的窗扇上每扇浮雕一个字，连起来为"礼、义、廉、耻、孝、悌、忠、信"，突出四维八德，训化以德治村，以德持家。

二是屋脊装饰考究。双灼堂的屋脊飞檐高挑，陶饰精细，明墙叠檐三折的曲线，左右对称昂首吞云的双龙，技艺精湛，令人叹服。

三是在厅堂上方梁间，飞檐橡头挂满了竹箩筐。

古村内的吴家大院位于双灼堂左侧，是培田的中心区域。也是典型的九厅十八井结构的建筑类型。纵深六个院落。是村名住宿、吃饭休息的地方。

古村内的进士第是培田古村内保存最完好的一幢民宅。它是武进士吴拔祯的祖屋。此宅始建于1876年。此建筑为二进四直横屋结构。

进士第大门为三合门，正门额上高挂"殿试三甲第八名武进士、钦点蓝翎侍卫"的"榜元"进士匾。

正厅两旁各有两个客厅、花厅，厅前砌鱼池，天井搭花架。大厅天井内有娶亲时用的礼盒和一块几百斤重的练武石，刻有"吴拔祯制"。正厅匾额上书"务本堂"，几个大字端庄气派。堂前左右两侧顺序排列太师椅。正中为阴阳太极圆桌，尽显昔日主人气派。

济美堂建于清光绪年间，为三进式厅堂加二直横屋结构。为祭祀、敬老、奖励、扶助等专用屋宇。

此堂是本地富甲的吴昌同生前所建的四座华堂之一。整座建筑中，厅堂的挑梁立柱窗屏雕刻多达20块。下厅屏扇用深浮雕手法以精致优美的圈纹图案衬托"孝、悌、忠、信、礼、义、廉、耻"等程朱理学信条。

前厅与后厅隔扇窗刻有精美镂雕，尤其中堂天子壁4块双面镂空鎏金雕刻，正面12幅人物故事，背后为古代先贤品德赞文，展示主人生平功德，寓意深远隽永。堂内雕刻龙凤、花卉与十二生肖等，极具特色，甚为精美。

其风火墙檐口描有诸多诗画；厅前天井，巧绘梅花鹿，左右配砌两个"如意结"。

除大夫第、官厅、都阃府等居民建筑之外，培田村还有20多座百年古祠。由村口往下数分别是：天一公、隐南公、郭隆公、愈扬公、衡公、久公、在崇公、

畏岩公、乐庵公、锦江公、文贵公等宗祠，其建筑之精、数量之多堪称中国之最。

在这些古老的祠堂中，始建于明正统年间的衍庆堂是培田村吴氏家族的总宗祠。此堂位于都阃府旁，于1762年扩建，距今已有近600年的历史。

门柱对联：

后座天波，四面名山皆辅佐；
前朝云霄，三枝秀笔启人文。

衍庆堂的位置正落在卧龙山、笔架山中峰的中轴线上，开创了培田居中为尊的建筑格局。大门前两只石狮威风凛凛地镇守两边。宗祠为5开间两进布局，前厅3开间，开敞明亮，两侧有房间。

衍庆堂的大门不正对大堂，而开在宅第的东南方，必须过一道内门，始见戏台、中厅及上厅。这种大门的结构与北京四合院相似。

门口有一宽敞雨坪，原立两对旌表、四幅石桅杆，阴刻本族进士、举人、秀才各学位功名。明墙刻"书香绵远"。

衍庆堂的厅堂，可容几百人拜祖餐饮。原挂有雕龙绘彩镶边功名匾额40多块和学位金牌，现仅存1734年立"蛟腾凤起"牌匾。此外，厅内还存有光绪年间阳刻进士金匾一块、神龛、谱案、相匣、石香炉等。

古村内的久公祠是村中保存最完好、雕刻最精美的祖祠之一。此祠堂是奉直大夫吴九同的公祠，也称"敬承堂"，为3开间两进布局。大门前有一廊庑，建双重门槛。外门槛立四根石柱，两方两圆。

方柱上刻"祖训书墙牖；家声继蕙兰"，表达了客家人尊祖敬宗、光耀门庭的愿望。内门槛是木门槛，设大门。门槛上方的五重斗

拱精美绝伦，有大唐遗风。这种双重门槛的设计极为少见。

前厅虽然只有3开间，由于开敞连通，并不显小。过天井上一台阶是大厅，供奉着久公这一支吴氏先祖。大厅两侧为卧室，后面有一小庭院，是厨房。

大厅梁架是民居中少见的抬梁式构架，因为在关键部位少去了两根檐柱，使得大厅融会贯通，宽敞宜人。厅内的装修豪华精致、富丽堂皇。

和久公祠相邻的衡公祠，门庐斗拱上也镶嵌着彩漆画，上面的三国故事图案历经300余年而颜色不衰不褪，依然图案线条清晰，人物栩栩如生。

两祠分别建于乾隆年间与光绪年间。门楼同是三山斗拱，祠内设有祭奉祖先的金漆神龙。是客家宗祠典型建造方式。两祠相邻，雍容典雅。容庵公祠在都阃府和继述堂的夹缝中，门户对联：

三让遗徽，挹三台而毓秀；

六支衍脉，傍六世以承先。

　　在培田古建筑体系中，书院群落是一个重要组成部分。这些书院建筑群中，最为出名的，当属处于村南的"南山书院"。书院始建于清顺治年间，书院房屋并不显得仄仄逼人，屋内有着古色古香的题字和精巧可供休憩的回廊。

　　除了南山书院之外，培田古村还有容膝居和敦朴堂等学习文化的特殊建筑。其中，容膝居是培田最早的女子学堂。此建筑的照墙上，赫然刻着4个大字"可谈风月"。

　　这座咸丰年间由吴昌同捐建的妇女学馆，让同样受三从四德礼教禁锢的培田妇女，不仅可以识字断文、学习女红，更可谈风月，在那个年代乃至今天，都浪漫得近乎创举。

　　敦朴堂建于1882年，建成于1892年，堂屋主人以"耕读为本"

农工商学并举。堂屋的主人是贡生吴瑛，他点明培田文化传统是"兴养立教"，他在世时，曾出任"南山书院"新学制校长，族内书香传承，书画人才辈出。堂号寓意"斯室之成，实忠厚勤俭所致"。

此堂的云墙上题联"毋忘三命"，以及厅中悬挂的诸多书画作品，浓郁的书卷气息中烘托出独特的文化氛围。

另外，在培田这样偏僻的小山村里，还有一个完全由民间自发形成的拯婴社，此社始建于咸丰至光绪年间，这在许多西方学者眼里，简直是不可思议的奇迹。

在重男轻女的封建时代，培田人的拯婴社，足可以让人看到培田文化的闪光点，确实令人温暖。

知识点滴

据说，进士第屋里的匾牌——榜元，是吴拔祯高中武进士后才挂上去的。

吴拔祯自小文武兼修。他参加殿试时，考试是射3支箭。

吴拔祯射出的头两支箭全都命中靶心，正当他准备发射第三支箭的时候，在一旁监考的光绪皇帝突然在他肩头拍了一掌。尽管事出意外，吴拔祯仍然心不慌，手不抖，一箭中的。

光绪皇帝没想到一个文举人竟有如此武功，龙颜大悦，当即钦点吴拔祯为御前带刀随殿侍卫。

安徽西递

　　西递村是安徽省南部黟县的一个村庄。坐落于黄山南麓，距黄山风景区仅40千米，素有"桃花源里人家"之称，始建于北宋皇佑年间，发展于明朝景泰中叶，鼎盛于清朝初期，至今已近900余年历史。

　　村落平面呈船形，村内至今仍保存着古朴典雅的明清民居近200幢。是我国首批5A级旅游景区。

帝王后裔为避难隐居建村寨

西递旧称西川，3条溪流由东而西穿村而过，因水闻名；又因在村西处是古代的驿站，又称"铺递所"，西递之名由此而来。

西递村是一个由胡氏家族几十代子孙繁衍延绵而形成的古村落，西递村奠基于北宋皇佑年间，发展于明朝景泰中叶，鼎盛于清初雍正、乾隆时期，距今已有900多年。

据胡氏宗谱记载，西递胡氏的始祖是唐昭宗李晔之子，

904年，唐昭宗迫于梁王朱全忠的威逼，仓皇出逃，皇后何氏在行程中生下一个男婴。

在随行的侍从中，有个徽州的婺源人胡三宦，胡三宦就秘密将太子抱回徽州婺源考水抚养，并给太子取名昌翼，改姓胡。胡昌翼就是明经胡氏的始祖。

1047年，胡昌翼后代胡士良因公往金陵，途经西递铺时，见此地群山环抱、风景秀丽、土质肥沃，遂举家从婺源考水迁至西递村。从此在西递村耕读并举，繁衍生息。

1465年之后，西递村人口剧增，西递村胡氏祖先开始"亦儒亦商"跻身于徽商行列，西递村的财富迅速积累，大量的住宅、祠堂、牌坊开始兴建。

1573年至1620年，西递村重修了会源桥和古来桥，并在两桥之间沿河渠建造了一批住宅。

明经胡氏十世祖胡仕亨后代在其旧居基址上建起敬爱堂后，西递村的中心就渐渐地从东边移至会源、古来两桥之间。

西递村的敬爱堂是胡仕亨的享堂，始建于1600年。他的3个儿子，为表示互敬互爱，遂将享堂改建成祠堂，故名。

该祠堂为西递村现存最大祠堂。前置飞檐翘角门楼中设祭祀大厅，上下庭间开大型天井，左右分设东西两庑，配以高昂的大理石柱；后为楼阁建筑，楼下作为先人父母的享堂，楼上供奉列祖列宗神位。

后厅有一个斗大的"孝"字，是大理学家朱熹所书。此字从后看，像是一个俊俏后生，跪地作揖。而从前看，则是一个桀骜不驯的猴子嘴脸，字画一体，字中有画，画中有字。寓意为孝敬长辈则为好儿孙，反之就退化为猢狲。以此来对族人进行警示，告诫后人要尊重祖先、尊重长辈。

1662年至1850年，胡氏家族在经商、仕途上一帆风顺。西递村在人口、经济和建设的发展达到了鼎盛阶段。

据说，胡贯三祖孙5代是西递徽商的佼佼者，也是"商、儒、官"三位融为一体的典型代表。胡贯三经商数十年，号称拥有"七条半街"店铺，"三十六典当"资产，一生最讲究商德和修养。

同时，胡贯三不仅经济实力雄厚，而且与当朝宰相曹振镛结为亲家，地位相当稳固，为迎接亲家三朝宰相曹振镛来西递村，他还在村口兴建走马楼，村中建迪吉堂等建筑，以示其荣，以显其富。

其中，走马楼又称"凌云阁"，建于1787年。当年，曹振镛目睹此景，赞不绝口："此楼又长又宽，连马都可以在上面跑呢！"为此，凌云阁改称为走马楼。

西递村现存的走马楼是依据当年的布局重新修复的，走马楼分上下两层，粉墙墨瓦，飞檐翘角。现走马楼内表演黄梅戏、抛彩球、茶道等节目。

楼下有单孔石拱桥，名为梧赓古桥。西溪流水潺绕走马楼，穿桥而过，在这里可领略到"西递八景"之一的"梧桥夜月"美景。

和走马楼同时修建的迪吉堂，又称官厅，是接待达官贵人的厅堂场所。此堂气度端庄，古朴典雅，建于1664年，距今300余年。

再说胡贯三自从与朝中重臣成为亲家，生意更加蒸蒸日上，很快就成为江南六大巨富之一，儿子也被委以杭州知府。

知识点滴

西递村原名西川，为何又叫西递呢？有两种说法：

一种是：以前这里是交通要道，政府在此处设有驿站，用于传递公文和供来往官员暂时休息，驿站在古代又称为"递铺"，所以西川又称为"西递铺"。

另一种是：我国大地上的河流都是向东去的，而西递周围的河水却是往西流的，"东水西递"，所以西川也就被称为西递了。

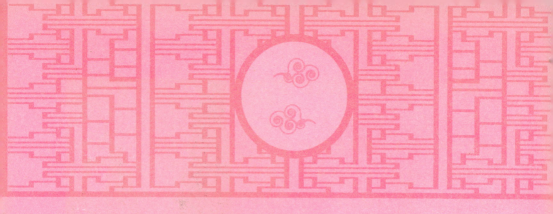

保存至今的明清古建筑群

西递是安徽黄山市最具代表性的古民居，素有"桃花源里人家"之称。

这个村子的兴衰与胡家的命运紧密相连。古村从形成至今，经历

了数百年的社会动荡，风雨侵袭，虽半数以上的古民居、祠堂、书院、牌坊已毁，但仍保留下数百幢古民居，从整体上保留下明清村落的基本面貌和特征。

西递村中一条主道贯穿东西，与其两侧各一条与之平行的街道一起穿过很多窄巷。村庄是引溪水入村的长条形村落，流水、民居相间，建筑群落整体性极佳，给人以紧凑精美的感觉。

整个村落空间变化韵味有致，建筑色调朴素淡雅。至今尚保存古朴典雅的明清民居中，大量的砖、木、石雕等艺术佳作点缀其间。

村内古老的建筑有胡文光牌坊、追慕堂、旷古斋、瑞玉庭、桃李园、西园与东园、膺福堂、履福堂、笃敬堂、青云轩、惇仁堂、尚德堂、仰高堂、村绣楼和大夫第等。

西递村的胡文光牌坊俗称西递牌楼。建于1578年，距今已有400多年的历史。这座牌坊是三间四柱五楼单体仿木石雕牌坊，通体采用当地的大理石雕筑而成。

整个牌坊上下用典型的具有徽派特色的浮雕、透雕、圆雕等工艺装饰出各种图来，而每一处图案都蕴含有极深刻的寓意。

这座牌楼是明神宗恩准为其四品大员胡文光建造的，横梁西向刻字"胶州刺史"，东向刻字"荆藩首相"。胡文光进士及第，入仕后官位累升至山东胶州刺史，他为官勤勉，政绩卓著。后得到明神宗的叔父长沙王的赏识，将其调任王府长史，总管一应事务。王府长史也称王府首相。

据载，历史上西递村曾有13座牌楼，大都为旌表孝子和贞节的，胡文光牌坊是最雄伟最精致的，堪称明代徽派石坊的代表作。

追慕堂位于西递村大路街上方，建于清朝乾隆甲寅年，用以追思慕念胡氏先祖，使后人勿忘当年的李胡渊源。

追慕堂屋顶为飞檐翘角，八字形大门楼，檐下三元门外设有木栏，八字墙用整块打磨光滑的黟县大理石制成，风格独特，极为精美壮观。

西递村的旷古斋建于清康熙年间，是一幢清朝时期典型的徽派庭

院式的私家宅院。

斋内的砖、木、石三雕都基本保持原样，正厅堂前摆放有西递古村落全景大沙盘，形象地再现了古村落的整个布局和山形地貌。

瑞玉庭位于西递村横路街口，建于清朝咸丰年间，是一座具有代表性的徽商住宅。

从上而下整体看来似"商"字形状，当人从下穿过时就与其组成了完整的商字，寓含着人人皆经商之意，这是徽派民居厅堂里的一个独例。

西递的桃李园位于村内横路街中部，建于清朝咸丰年间，由正屋和庭院组成，是胡贯三的第三个儿子胡元熙的旧宅，也是西递唯一的

住宅与书馆相结合的建筑。

后进厅堂两侧有雕花木板，上面依次镶有书法漆雕《醉翁亭记》全文，这些雕花木板出自康熙年间古黟县书法家黄元治之手，现在显得十分珍贵。

西递的西园在村内中横路街上，建于清朝雍正年间，距今有260多年历史，是清朝道光年间四品官胡文照的私宅。

庭院分前、中、后三进，以低墙相隔，院内有花草树木、鱼池假山、匾额漏窗，用的是典型的徽派造园手法。东园与西园相对应，是一组多单元的古老住宅，风格古朴，不饰华丽。

膺福堂是西递官职最高的清二品官员胡尚熷的私邸。建于清朝康熙年间，为三进三楼结构。

膺福堂是典型的徽派四合院，屋内的隔扇门皆雕成莲花状，精致典雅，天井四周的雀替木雕呈倒爬狮，尽显官商府第的气派。

　　履福堂，建于1684年，距今300多年，是胡贯三的孙子清代收藏家胡积堂的故居，也是西递村中一座典型的书香宅第。

　　此堂是一座三间三楼结构的大房子，屋内厅堂摆设典雅，充满书香气息。前厅堂前挂有"履福堂"匾额，两侧有木刻楹联反映出主人的伦理观念：

世事让三分天宽地阔，心田存一点子种孙耕；

几百年人家无非积善，第一等好事只是读书。

　　此外，前堂还挂有数幅字画、楹联，其中有一副内涵丰富，很有哲理的楹联：

读书好，营商好，效好便好；

创业难，守业难，知难不难。

　　这副对联显示了儒学向建筑的渗透。

　　厅堂前的长条案桌上东侧放着一只大花瓶，西侧放着一面镜子，取谐音"东平西静"之意；中间放着自鸣钟，当自鸣钟响起，取"终

生平静"的谐音，体现了主人对生活的一种希望。

钟两侧各有瓷质"帽筒"一只，古时的男人戴着西瓜皮帽子，一当坐下来就顺手把帽子往帽筒上一放，故称帽筒。

堂前两边还挂有奇特的撕画、烧画，它是用笔绘出却如用火烧烙，再用手撕并合而成。

进入后堂，有一用于扇风的板扇悬于半空，一边刻有"清风徐来"4个大字，一边刻着"凌云"两大字，一扯动绳子，板扇即轻轻来回摆动。

天井两旁各有12扇木门，雕刻了花草、飞禽、走兽，每扇门中段各雕一则孝义故事，正反两面合起来，是一幅完整的《二十四孝图》，这也是西递灿烂的古文化遗产。整座宅居古风盎然，书香扑鼻，具有我国古代典型的书香门第风貌。

在履福堂的旁边，还有一处笃敬堂，建于1703年，距今已有300余年。这也是胡积堂曾经居住过的地方。

笃敬堂为四合院二楼结构。正屋前，有一个小庭院。庭院左边，又有一间书房。中间正屋厅堂上，最醒目的便是一组祖传画像，正中为胡积堂，被朝廷封为正三品。画像左边年轻者，为胡积堂的元配夫人。右边年长者，为继配。她们颈挂朝珠，享受着丈夫的三品待遇。

青云轩建于清朝同治年间，是西递村整体民居的一个书厅，又叫便厅，至今已有140多年的历史。

虽然青云轩也是一座徽派民宅，但它是仿照北方四合院的形制，在西递古民居中别具一格。据说，该宅的主人祖上曾经在京城经营钱庄生意，因为喜欢北方的四合院，所以就在家乡投资兴建了这座特殊的小院。该院建于清同治年间，建筑是二楼结构，两侧平房，环绕一小庭院，便厅居中，院门临巷设有门亭。

从石板台阶拾级而上，进入小院首先映入眼帘的是一株茂盛的牡丹花。这株牡丹是主人从洛阳带回的秧苗，与小院同龄。

与牡丹相对的是一扇月亮圆门，门框由6块"黟县青"石块组成，这种月亮门在西递民居中比较少见。每年牡丹花盛开的季节，怒放的鲜花与满月形的圆月构成了"花好月圆"的美好意境。

最为奇特的是月亮门门口摆放的青云轩的镇宅之宝，一块海蚌化石，也是主人在外地做生意的时候带回来的，现成为青云轩的又一标志性物品。

进入院中，右侧是主人吃饭起居的地方，左侧是一条回廊，下雨时在院内可以不走湿路。

穿过月亮门进入正厅，正厅与其他徽派民居摆设并无大的差异，但青云轩最有特色之处也恰恰就在正厅里。厅堂正中地面上有一个小圆洞，上面放着石盖，冬天掀开，暖气上升；夏天掀开，凉风送爽，如同一个天然空调，令人称奇。

另外，由于这家主人祖上是经营钱庄的，钱庄当然和铜钱打交道，为此，在青云轩圆的月亮门和方的地窖上，均为外圆内方的铜钱

形状，这又是徽文化的一大特色。

惇仁堂位于西递村大夫第后弄的前边溪畔，建于清朝康熙年间，原为村中徽商泰斗，有江南六富之一美誉的胡贯三晚年的居所。

此建筑古朴典雅，房屋是五间二楼结构。惇仁堂后来还是1906年在西递创办黟县第一所"崇德女子学堂"的大家闺秀黄杏仙的故居。

尚德堂位于西递村前边溪上游，始建于明朝万历年间，距今约有400多年的历史，是目前西递古村落里尚有的最古老的明代民居建筑。

西递村的仰高堂位于尚德堂的上侧。建于明代万历年间，屋宇为3层，在内部格局上，把厅堂移至二楼，这种"楼上厅"的现象，是明代民居建筑的一大特色。有学者写诗称赞道：

钟情西递访遗踪，仰慕先贤兴趣浓。

代有儿孙勤建业，名垂青史大家风。

绣楼位于西递村大路街与横路街交汇处的大夫第边，传说原胡家小姐曾在此楼上抛绣球择婿，因而又被称为小姐绣楼，绣楼设计巧妙，布局合理，建造精巧，十分玲珑典雅。

除了以上这些建筑，在西递村中，还有一处宅院叫大夫第，建于1691年，为胡文照祖居，后因官封四品，因而在大门上首嵌砌砖雕"大夫第"3字。正厅堂额为"大雅堂"，天井四周的裙板格扇均为木雕冰梅图案，取"十年寒窗"之意。楼上绕天井一周装饰有"美人靠"雕栏，梁上雀替为象征权贵的倒爬狮。

楼额悬有"桃花源里人家"6个大字。"大夫第"门额下还有"做退一步想"的题字，语意双关，耐人寻味。

另外，西递古民居内大都设有"天井"，这是徽派建筑的一大特色。天井的设置，一般三间屋在厅前，四合屋在厅中，起到采光、通气诸功用。

因过去徽商巨贾为了藏富防盗之需，其住宅大都建有高大封闭的屋墙，很少向外开窗。设置天井，可以把大自然融入屋中，使"天人合一"，足不出户，也可见天日。还有一种说法，就是商人以积聚为本，总怕财源外流，造就天井，可"四水归堂"，即四方之财如房顶上的雨水，汇集于天井内，不至于外流他家，俗称"肥水不外流"。

此外，西递的街巷同样很美，一般来说要比宏村的街巷宽些，可能是因为西递村当官的人官位高、读书的人名气大、经商的人钱更多吧，所以房屋街巷都建得更气派些。

胡氏迁居西递要早于汪氏迁居宏村近百年，胡氏祖先又是皇家后

裔，所以，处处高人一头也是理所当然的。

历史悠久、古朴典雅、风光秀丽的西递村，1986年被定为安徽省重点文物保护单位。村内保存完整的120多幢古建筑被誉为"中国传统文化的缩影""中国明清民居博物馆""世界上最美的村庄"。

2011年，西递村景区被国家旅游局正式授予"国家5A级旅游景区"称号。

知识点滴

在西递村中大夫第的观景楼匾额上，知府大人胡文照为什么会在自己的匾额上留下"做退一步想"的题字呢？

原来，在他刚做知府的时候，曾经大刀阔斧地整顿吏治腐败，得罪了许多官员。这些官员勾结起来诬陷他，欲置他于死地，把他整得几乎丢了官。

这时，幸亏有一位绍兴师爷从中点拨，劝他做退一步想，先保住官职，再循序渐进。虽然胡文照按照这位师爷的劝告，在整治开封的贪官污吏方面取得了一些成绩，但也因此遭到昏庸贪官的排挤和打击，从此在官场上，再也没有得到升迁的机会。

胡文照在开封知府位上，一任10多年未见提拔重用。遂使他产生对官宦生活的厌倦，由此，他产生了及早隐退故里的念头，便在自己观景楼匾额上留下了"做退一步想"的题字。

山西丁村

  丁村，位于山西省临汾市襄汾县城汾河河畔，北起史村，南至柴庄。这里地势东高西低，气候温和，水土丰茂，自古就是人类活动的地区之一，全国著名的重点文物保护单位旧石器时代的"丁村人"及其文化遗址就分布在它的周围。

  以丁村为中心的丁村遗址，于1961年被列为第一批全国重点文物保护单位，丁村民宅于1988年被列为第三批全国重点文物保护单位。

丁氏祖先从河南迁入古村

在山西省临汾市襄汾县有个村庄，名叫丁村。村子不大，却非常有名，这是为什么呢？原来，这座村庄的历史非常悠久，最早的丁村文化遗址竟然在远古的旧石器时代。

1953年，我国考古学家在这里发现了这个村落的远古文化，1954年，专家学者们又发现了化石地点14处，石器地点11处，同时发现了人类化石，计门齿两颗、臼齿一颗，1976年又发现婴儿顶骨一件。

这些古老的文物证明这座古村庄从旧石器时代起便有人居住了。可是，丁村到底始建于哪一年呢？现在并没有确切的文字资料记载。不过，丁村丁氏的家族渊源可以追溯至始迁祖丁复。在保存至今的丁氏1754年《家谱》中称：

> 太邑汾东，有庄曰丁村，余家是居是庄，由来久矣。始于何祖，方自何朝，余固不得而知也。每阅祖遗家谱，自始祖复递传至今，已十有一世矣。

这段《家谱》告诉我们，在1754年时，已经是丁氏家族的第十一代了，如此说来，丁氏祖先丁复应该是从明代初年迁入此地的，可是他们到底是从哪里迁入的呢？《家谱》记载：

> 丁姓各省俱有，惟豫章称繁族，亦属耳闻，余并未亲到。独中州襄邑城内以及乡庄约有十余家，与余久有宗谊之亲，至今称好，其余虽有，并未识面。

另外，在1789年民居的主人丁克长过寿时，襄邑族人所赠的寿瓶上刻有寿文，其中有"派出济阳，世居山右"的记载。济阳是河南的开封、兰考县一带。

由此可见，丁村的丁氏宗族与河南襄邑的丁氏应当同属一宗，均迁于河南开封和兰考县一带。于是，从这里我们可以知道，丁氏始祖是从河南一带迁入山西的。

当丁氏始祖在山西得以安身立命之后，出于传统的聚族而居的习惯，又有同宗的丁氏族人相继迁到该处，并且各自繁衍下来，形成丁村。

丁氏宗族自丁复起至明代万历年间，已经有了相当的规模，就丁氏谱系来看，当时族属庞大，人口繁盛，另建了一批房屋，并重修或建造了一部分庙宇。丁村的村落结构也初步形成。

后来，有部分丁氏后人他们把自己生产的粮食、布匹送到甘肃宁夏，把甘肃宁夏的中草药，比如冬虫夏草、大黄、枸杞等贩回来，送

往广东，又把广东的稀罕物品，诸如洋货什么的贩回来。这样，就形成了一支晋南商帮中实力最强的"太平帮"。

这些靠着经商发财的丁家人在外地赚钱以后，就回家不断地买地，然后盖房娶妻生子。到了清代，丁氏宗族分为六支，即北院、中院、南院、窑顶上、西头和门楼里。

清代丁氏宗族经济模式发生转变，由纯农业生产走上了农官商相结合的道路，部分支系有了较雄厚的经济实力，同时由于人口的增加，这段时期又形成一个建造房屋的高潮，丁氏的村落结构定型。

丁氏族人买地盖房，历史上主要分3个时期，也就是现在分的3个家族支系的大兴土木过程：明代万历年间兴建的北院；清雍乾时兴建的中院；清晚期咸丰道光年间兴建的南院。另外，还有散乱的许多院落，共40余座。

现存的丁村最具观赏价值的是村内古老的民居，这里保留了自明代万历年间至清代末年的大量房屋家宅。这些家宅是可以和晋中的乔家大院、渠家大院、曹家大院竞相媲美的大院，又不是单一的大院。一座一座既分散坐落，又有序分布的四合院，形成了一个村落。

如果说去乔家、渠家、曹家等地方是看大院家宅，那么到丁村则是看大院村落了。这样的大院村落，不止在北方，即使在南方，在全国也是罕见的。

丁村民宅，它不同于官宦和豪商巨宅，更不同于皇家建筑和宗教庙宇，说到底它是老百姓的宅院。但是，就丁村民宅的建筑理念、分布格局、砖雕木刻，以及它所包含的古朴的传统文化、民俗风情内容而言，它又绝对堪称一座古代民间建筑博物馆，一座农民的宫殿。

知识点滴

据说，丁村在形成之初，是由一个家族或丁氏的数个家族组成。村落形态也比较简单，丁氏宗族每一支系家庭都不断进行着由核心家庭、主干家庭的裂变，一对夫妻组成的核心家庭在积累到一定数量的资财后，就会在他们居住的房屋旁再立新宅。

丁氏宗谱中有一典型例子："余支于村内独占尽东一边，有地20余亩，俱系余支房屋场基、牛园，并无他人基业。临街西面公建大门、二门、门楼各一座，至今人称余支为大门里。余支就有老院四所，书院一处，前后左右相连，俱系卿祖置。"

"翰卿祖生高祖辈史弟4人，昔居时各授全院一所，卿祖与老祖姒两人独居书院，以终余年。长房伯祖诚分东北院一所，本村地数十亩。后诚祖于伊居旧院东边相连建新院……"

这样几代下去，就形成了以"祖屋"为核心的丁村村落。

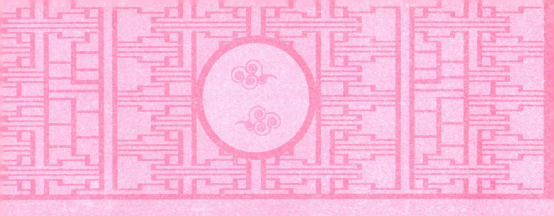

由四大群组构成的古建筑

丁村位于襄汾县城南处，是一个聚落结构随着历史的变迁，已发展成为比较完善的宗族乡村。村内遗存有明、清时代的民居院落40多座，建筑类型包括民居、宗祠、厅堂、戏台、庙宇、寨门、城墙、商铺、粮仓等。

几乎包括了宗族制度下纯农业血缘村落的所有基本建筑类型。是我国北方地区现存规模较大、保存较为完整的明清民居建筑群。

丁村民宅建筑群呈东北西南向分布，分北院、中院、南院、西院四大组。由于宗族的繁衍发展，反映在院落群坐落上的时代差异特别

明显。这四大群组以村中心明代建筑观音堂为领首，以丁字小街为经纬，分布于北南西三方。

村落集中在明崇祯年间所筑的一道"四角俱正，唯缺东南"的土寨墙内，当地人称这个土寨墙为"城墙"。在这道土寨墙的南北方向分别筑了两个楼阁式"城门"，北门匾是"向都山"，南门匾是"宅明都"，东门因与邻村有地亩之争，只券了门洞就封起来了，而西门根本就没有建。

从空中俯瞰，丁村人说丁村的形状是"金龟戏水"。原来，在丁村寨外的四角分别有魁星阁、财神阁、文昌阁、玉皇庙4座殿阁，可视为龟足，东有狼虎庙，西有弥陀院为龟的首尾，再西有汾河。若以村寨为龟身，就正像一只大龟趴在沙滩上。

龟，在我国古代的传说中是4种神兽龙、凤、龟、麟之一，丁氏族人之所以把村庄的形状建成龟形，是祈愿村寨安全久远、富贵平安。

在丁村，村子里不留十字路口，全是丁字路口，而且逢丁字路口的顶头，就建一座庙或者戏台，这样可以防风。

丁村内现存的四座小庙，三义庙、三慈殿、菩萨庙、千手千眼观音庙，都处在主要的丁字路口。

丁村村中心的观音堂，始建于1605年，现存建筑为1769年重修建筑，里面供的是南海观音，也叫渡海观音。

观音堂前，过去东、西、北三条路口，都各建石牌坊一座，东边牌坊上写着"慈航普度"，西边写着"汾水带萦"，北边写着"古今晋杰"。

观音堂内，正中悬"观音堂"匾额，两侧各悬"德水常清""宛然南海"金匾，石柱楹联：

殿座池塘漫云宝筏消迷少；
堂临冲要俱是金绳引路多。

这些匾额和盈联都是中院捐职州同丁溪莲父亲的手笔。

村西头的三义庙，是丁村古建筑的鼻祖，是1342年修建的，距现在600多年了。庙内供奉的是刘关张桃园结义的三兄弟。

在过去，人们出门在外，靠的就是老乡、朋友，所以常常有人结拜金兰之好。有意思的是，丁村这个三义庙，根据历代重修碑记，早期主持修庙的人中姓丁的并不多，到了后来就越来越多了，这也验证了丁姓族人的发展。

三慈殿，处在村西南角小巷丁字路口，是清代早期建筑，供奉的是观音、文殊、普贤三位心慈面善的菩萨。现存1798年重修碑记，碑文是村里当时的举人老爷丁溪贤写的。

丁村村南头小庙，也称千手观音堂，始建于明代，现存清代顺治、康熙、道光年间重修碑记。

从丁村的4个小庙可以看出，丁村明清祖先的生活理念和追求，不

外乎祈福祈寿保平安。三义堂，最初是因为丁村商人参加太平帮行走
江湖，结交结拜朋友，共闯天下的祈福场所。

　　丁村过去有很多人都外出经商、打工，有的人家不太富足，家里
的几亩薄田就留给了妇道人家和年幼的孩子，这种现象，也许就是修
建三慈殿的原因了。至于说南海观音和千手观音，当然是村民为了祈
求佛祖保佑，祈求平安幸福。

　　在村中心观音堂后面，有一座观景楼，是清道光年间修建的。这
座楼的屋顶是圆的，像一张席子卷在屋顶，这叫卷棚顶。这种卷棚顶
的建筑，一般用在庙宇、园林甚至皇家建筑里，在民居中不多见。

　　以这座建筑"观景楼"为屏障，以正面3座牌坊为前界，形成了
一个前有三枋相拱，后有高楼为屏的丁字形小广场，是丁氏族人的聚

会场所。每年春节元宵，张灯结彩，架设鳌山，锣鼓喧天，灯火辉煌。

高高树立的门灯架上的"天下太平"，在灯光照耀下闪闪发光，人们扶老携幼，前呼后拥，一派赏心乐事，表现着太平盛世人们的欢娱心情。当年之盛，可见一斑。

丁村的建筑共分为北院、中院、南院、西北院四大组，其中北院以明代建筑为主，中院以清代雍正、乾隆年间的建筑为主，南院以道光、咸丰年间的建筑居多，西北院则是乾隆、嘉庆时所筑。

北院以明代建筑为主，均建于万历年间，最早建房题记为1593年。基本上是八品寿官丁翰卿一支的产业，后在乾隆年间又有大批续建，但仍系丁翰卿之子孙所为。

其中一座建于1593年，位于丁村东北隅，是一组四合院，大门一间设在东南角，正屋3间，东西厢房及倒座各为两间，按传统习惯根据

木构架分间，应是3间，可能是由于木构架开间过小，不利于布置室内火炕，所以分作两间使用。

正屋、两厢和倒座之间并无廊子联结。其形制符合明代庶民屋舍的规定，只是正屋梁上有单色勾绘的密锦纹团科纹饰，似稍有逾制之嫌。

另一座建于1612年，位于前座宅的东侧。由两进院落组成，现仅存大门及里进院，两院之间的垂花门也已毁去。从现存建筑看，平面布置后者比前者多建外面一进，其余基本相同。

由于山西属大陆性气候，冬季寒冷，故两宅内院南北狭长，以取阳光。墙体较厚，可以保温御寒。由于当地雨量稀少，所以修建的房屋仅用仰瓦铺设，省去盖瓦。据风水学说，正房在北，大门在东南的布局属于"坎宅巽门"的吉宅。

中院以清代雍正、乾隆年间所建居多，系北院丁翰卿之同宗兄弟丁松清之子孙丁衔武、丁坤等人所建，后有道光年间建者，亦系丁坤之重孙丁庭柱等人所为。

南院的情况较为复杂，既有丁玉恩建于明万历四十八年，也就是1620年的，也有其重孙丁建文、丁建武等建于乾隆二十年，也就是1755年的，更多的则是由丁建文之孙丁殿清等建于道光咸丰年，但均系一脉相承，与北院中院没有明显关系。乾隆时的丁世德在为丁比彭所纂《家谱》序中曾说：

丁氏一庄，宗分脉异安知其始非一本所衍也？但无谱可稽……

西北院较为分散，留存民宅较少，以乾隆、嘉庆年间者为主，其谱系至今尚无更多资料可供研究。

在现存的40座院落中，据其建筑本身自留的建房题记可知，建于明万历的6座，清雍正的3座，乾隆的11座，嘉庆的2座，道光的2座，咸丰的3座，宣统的1座。另有20世纪初的2座，未发现纪年但建筑风格类清的10座。

另一方面，丁村的民宅，延续几百年，不同时期还有着不同的格局和风格。

格局基本上是这样的：明代的建筑都是单个的四合院，清代早期出现了前后两进的四合院，到了晚期还出现了院落合围的城堡式建筑。

这些院落的格局，很讲究实用性，基本都是以北为上，上房基本不住人，中厅一般用来待客，北厅用以祭祀祖宗，楼上当作库房，东西厢房住人，而且对称排列。

大门开在东南或南，因为从八卦上讲，坎宅开巽门比较好。但如果受地理位置局限，院门的方位也就不一定，但还是要做些处理的。

比如说院门不得不开在西南的院子，就会以东为上，把东房建成上房；有的甚至把南房往里收，留出一个通道，从西南转到东南，然后再进院子。

这就说明，风水观念在丁氏族人的脑子里，还是占一定地位的。

不过，清代早期这组院子，并不是统一设计、统一修建的，基本

是品字形相继兴建的，有的院子从兴建开始，时断时续，历经10多年甚至20多年，主要还是因为财力不济，耕读之家，钱势不大。

所谓的品字形就是说，中心的院子主人为最长者，等到儿孙满堂，住不下了，就往两边发展，然后依次。它们以前互不连接，但每个院子的四角基本都留有小门儿，有的门上还有砖雕的门匾，比如"引曲""通幽"等，其实也是我们现在剧院里的安全门，在出现危险的时候，可以迅速自由地走出去。

矗立在第一座院门前的牌坊是"宣德郎"牌坊。它是宅庄丁溪连捐买了官位后，为夸耀先祖被乾隆帝追封为"宣德郎"而立，是其"耀祖光宗"心态的反映。大门楹柱上悬挂着朱红金字对联：

醴泉无源芝草无根人贵自立；

流水不腐户枢不蠹民生在勤。

表现了主人的持家方略和精神境界。它与影壁上斗大的"福"字和院中鞭炮、香炉、东西厢房窗户上各种各样的剪纸，悬挂在北廊的彩灯，形成了一派浓郁的民间节日气氛。

在1771年所建的前后两进的院里，陈列着晋南城乡广为流传的刺绣、剪纸、木板画等民间工艺品以及歌舞、小戏、皮影戏、木偶戏的实物和资料。此外，还有民间书画、民间镜子、民用瓷器和生产用具等展览室。

这些建筑的突出特点是注重装饰，在建筑的各个部位，多有木、石、砖雕，尤其是木雕，举目皆是。在斗拱、雀替、博风板、门楣、窗棂、影壁、匾额上无处不点缀着雕品，就连柱基、阶石和小门墩上，都装饰得美观大方。那些琳琅满目的浮雕、阴雕、阳雕，人物、鸟兽、花草、静物、单浮雕、组雕、连环雕，都巧夺天工。

丁村民宅作为我国北方民族四合院建筑的典型标本，其历史年代跨度大，建造别致，风格各异，且其价值意义是多元体的。

民宅建造布局和实用性较完备，反映了晋西南地区汉民族的心理、爱好、信仰、风

尚、习俗及情操，它是我们研究传统建筑民俗的珍贵标本；从建筑艺术讲，它采众家之长，适一方水土之要求。

木雕、砖雕、石刻表现在建筑构件上，多而不絮，精美大方，内容丰富多彩。从生活到礼法，寓意深刻；从戏曲到社火，朴实无华；从民俗到治家，洋洋大方，是我国珍贵的民俗"活化石"。

1961年，丁村明清民宅就被山西省确定为重点文物保护单位，1988年，丁村被公布为全国重点文物保护单位。

知识点滴

在丁村内，有一座卷棚顶的建筑观景楼，关于它的来历，还有这样一个故事呢！

据说，在清代时，丁村有一位举人叫丁溪贤，他的号叫作钓台。当时县志有关他的记载，都称他为丁善人。

当他老了的时候，就想在村中的池塘边建一座观景楼，观街景看风情，安享晚年。但由于这地方地处村中要冲，又属于公地，直至1834年他去世的时候，这楼也没建起来，临死也没闭上眼。

后来他的两个儿子，为了完成父亲的夙愿，就花了很多银子，买了这块地方，用了7年建成了这座观景楼，又把丁溪贤的灵柩在里面放了3年，直至1844年，丁举人才入土为安。

屯堡文化村

在我国贵州省西部，巍峨峻峭的大山里，保存着一个距今600多年的地方民俗——屯堡文化，这个地方被称为屯堡文化村。

该村的屯堡人仍旧身穿大明朝的长衣大袖；仍旧跳着大明朝的军傩；仍旧沉湎于老祖宗"插标为界，跑马圈地"的荣耀之中。他们的语言、服饰、民居建筑及娱乐方式都沿袭着明代的文化习俗，是演绎着一幕明代历史的活化石。

朱元璋为稳定西南屯兵安顺

在贵州省的安顺地区，聚居着一个与众不同的群体，他们叫屯堡人，这一独特的文化现象被人们称为"屯堡文化"。这些屯堡人居住

的地方便是屯堡文化村。

关于这个村庄的建立，要从我国明朝初期说起。

1381年，为了维护大明王朝的一统天下，平定西南动乱，明太祖朱元璋在这一年派大将傅友德和沐英率30万大军南征，经过3个月的战争，平定了动乱。

经过这次事件，朱元璋认识到了西南稳定的重要性，于是命30万大军就地屯军。

为了巩固征南战争的胜利成果，使屯戍士兵安心边陲，朱元璋又以"调北填南"的举措，从中原、湖广、江南等省强行征调大批农民、工匠、役夫、商贾、犯官等迁来黔中，名为"移民就宽乡"。

发给农具、耕牛、种子、田地，以3年不纳税的优惠政策，就地聚族而居，与屯军一起，进一步壮大了屯堡的势力，形成军屯军堡、民屯民堡、商屯商堡，构成安顺一带独特的汉族社会群体——安顺屯堡。

这些人从此扎根边地，世代延续，形成现在散见于贵州各地的屯堡村落和屯堡人。

关于这段历史，在《安顺府志——风俗志》中有记载：

> 屯军堡子，皆奉洪武敕调北征南……散处屯堡各乡，家人随之至黔。屯堡人即明代屯军之裔嗣也。

在今天的安顺，许多大家族的族谱，记载均与史料相同。《叶氏家谱》载：

> 自明太祖朱元璋洪武初年被派遣南征。平服世乱之后……令屯军为民、垦田为生。

在漫长的岁月中，征南大军及家口带来的各自的文化与当地文化融合，经过600多年的传承、发展和演变，"屯堡文化"因此而形成。屯堡文化既有自己独立发展、不断丰富的历

程，也有中原文化、江南文化的遗存，既有地域文化特点，又有中国传统文化的内涵。

一方面，他们执着地保留着其先民们的文化个性。另一方面，在长期的耕战耕读生活中，他们又创造了自己的地域文化。

屯堡人的语言经过数百年变迁未被周围的语言同化；屯堡妇女的装束沿袭了明清江南汉族服饰的特征；屯堡食品具有易于长久储存和收藏，便于长期征战给养的特征；屯堡人的宗教信仰与中国汉民族的多神信仰一脉相承；屯堡人的花灯和曲调还带有江南小曲的韵味；屯堡人的地戏原始粗犷，对战争的反映栩栩如生，被誉为"戏剧活化石"；屯堡人以石木为主营造的既高雅美观又具独特防御性的民居建筑构成安顺所特有的地方民居风格……

安顺屯堡文化最具有代表性的要数西秀区七眼桥镇以云山、本

寨、雷屯为主的云峰屯堡文化风景区。

　　该景区位于安顺市东面处，景区自开发以来，引起了国内外专家学者的重视，他们认为云山、本寨的明代古城墙、古箭楼、古巷道、民宅、古堡等，保存良好，具有较高的学术价值和旅游价值。

知识点滴

　　除史书记载外，众多家谱的记载，足以证实安顺屯堡人实系"明代屯军之裔嗣"。随着时代的变迁、屯田的废除、移民的拥入，本来意义上的屯堡有所扩大，在以安顺为中心，东至平坝，西至镇宁和关岭，南至紫云，北至普定，方圆1300多平方千米的土地上，散布屯堡村寨达数百个，人口有约30万人。

　　明朝皇帝"养兵而不病于农者，莫如屯田"的举措，不仅实现了明王朝镇压反叛、巩固统治的军事目的，而且屯军移民带来的江南先进耕作技术，也促进了安顺的发展。

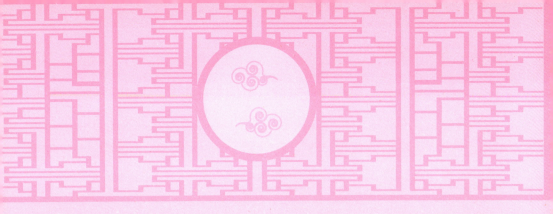

以石木结构为主的石头城堡

从贵阳市往西行进约70千米，进入安顺市所辖平坝县范围内，路两侧可见山谷盆地间绿树掩映着一片片银色的石头建筑的世界。

那就是屯堡人用岁月的钢凿打造的赖以生存的自由空间——屯堡村寨，以它无声的语言向人们讲述600年来的风云聚会与坎坷历程。

这些屯堡村落以屯、堡、驿、哨、所、旗、关、卡等命名，体现出军事建制特征，并相对集中分布于以安顺为中心的1300多平方千米的土地上，大小300多个，人口达30多万人，成为一个与周边少数民族及其他汉族迥然不同的文化社区。

依山傍水建造的一栋栋石木结构的房屋，错落有致，连片成趣。走进村寨，那"石头的路面石头墙，石头的瓦盖石头房，石头的碾子石头的磨，石头的板凳石头缸"的石头世界，令人赞叹。

屯堡民居最大的特点是石头的广泛应用。一户民宅就是一座石头的城堡，一个村庄就是一座纯粹的石头城，屯堡是一个防御敌人的整

体，而屯堡民居就是组成这个整体的每一个细胞，既可以各自为战，又可以互相支援友邻，既保证一宅一户私密性和安全感，同时又维系各家之间必要的联系。

屯堡建筑把石头工艺发挥到极致，从高向下放眼望去，白晃晃的一片，错落有致。

屯堡居民建筑成四合院，既有江南四合院的特点，又有华东四合院的布局，但最突出的特点是全封闭的格局。

这些房子从燕窝式到城堡式到城堡碉堡连接体式。在各种式样的独立庭院中，天井不仅是家庭活动的场地，更是防止进犯敌人纵火的措施。屯堡人的建筑观念是把防卫放在首要的位置上。

在房屋平面布局上，屯堡民居强调中轴对称、主次分明，屋面覆

盖的石板讲究美学的几何结构，体现了儒家思想的平稳和谐、包容宽纳的审美观念。

其住房分配既讲究实用性又充分体现内外、长幼、主宾的儒家纲常伦理，从而制约和维系着家庭和社会的人际关系。

民居建筑分朝门、正房、厢房，朝门呈雄伟的大"八"字形，两边巨石勾垒，支撑着精雕的门头，门头上雕有垂花柱或面具等装饰品。

正房高大雄伟，在木质窗棂、门簪上雕刻着许多象征吉祥如意的图案。厢房紧依正房两边而建，前面为倒座，形成四合，中间为天井，天井是用一尺厚的石头拼成，四周有雕刻着"古老钱"的水漏图像。

石头建筑的屯堡民居，具有强烈的军事色彩，村寨内部的巷子互相连接，纵横交错，巷子又直通寨中的街道，形成"点、线、面"结合的防御体系。

靠巷子的墙体，还留着较小的窗户，既可以采光，又形成了遍布于巷子中的深邃枪眼。同时，低矮的石门，有一夫当关、万夫莫开的军事功能。

这一切无不显示，当时战争所需的建筑构式和屯军备武的思想。现在屯堡村寨中，至今残存着许多垛口、炮台供人们欣赏。

屯堡建筑的选地是很讲究风水理论的。靠山不近山，临水不傍水，地势干燥，视野开阔，水源方便。左右有大山"关拦"，坐向以南北为宜，要符合"前朱雀，后玄武，左青龙，右白虎""山管人丁水管财"的五行学说要求。

对于屯堡人来说，传统的天文地理对人生命运的影响是至关重要的，被视为"万年龙窝"的居住屋，如果不讲究风水，不注重相生相克，不仅会影响自身的财源命运，还会牵连到全村寨的兴旺发达。这种习俗心理无疑对促进屯堡人的内聚力起到无形的作用。

另一方面，在现存的安顺屯堡文化区，共有300多个屯堡村寨，现存屯堡文化保存较完整的主要是安顺市西秀区大西桥镇的九溪村，七眼桥镇"云峰八寨"中的本寨、云山屯，平坝县的天龙镇。

其中，号称"屯堡第一村"的九溪村坐落在九溪汇流的河边，是安顺屯堡文化区最大的自然村寨，清朝时有"九溪是座城，只比安平

少三人"之说。这里的安平则是指平坝县城。

九溪村是屯堡文化最为深厚的地方。九溪村外的小李山上留有城堡遗迹。

九溪看上去不像村，倒像小镇，有长长的商业主街，街上有屯堡风味餐饮店和银器、铁木等作坊，大多的小店、作坊都还保留着古老的石头柜台。屯堡古建筑就分布在主街两侧。

在现存的九溪中，原有的寨墙已被拆除，但在主街两侧都有深深的门洞，门洞上的半边式骑楼是守备点。街中段有口古井，井口石栏已被井绳磨出了一道一道痕迹。

穿过一个门洞，就进入曲折、仄狭的街巷，两边是片石砌成的高墙，墙上齐胸处留有十字形射击孔，民房都是两层楼，小小的窗户高高在上，完全是一种防御式建筑。

马家院、宋家院等较大的四合院另筑有防守门洞。四合院的内部已显得颇为破旧，石头墙内包裹了徽派建筑风格，一厅两厢一照壁，镂雕木格窗、刻花石柱础、木雕雀替。九溪原有5座寺庙，现存3座，龙泉寺的花灯古戏台雕刻精致。

平坝县天龙屯距贵阳市区50多千米，是目前最有名的屯堡。

天龙屯从元代起就是驿站和屯兵重地。从新建的牌楼进去，就进入天龙镇，转过弯，一处明代驿站茶坊引人注目，一身"凤阳汉装"

的妇女当炉烹茶，老式茶坊灶具和几条方凳、粗陶碗，可以让人们领略到真正的古茶坊韵味。

沿溪多为石砌柜台的商户人家，老人们三三两两地坐在桥头上闲聊。虽然整个镇区新老建筑杂陈，让人觉得遗憾，但跨过小桥钻入小巷还能看到明代军事机关重重的民居建筑概貌。

其中的九道坎巷要穿过狭窄低矮、两边布置枪眼的过街门洞。街尽头是文物保护单位天龙小学，仍然保留着明末清初的建筑风格。镇北残存着一段古驿道、一座古驿桥。

天龙屯周围的山上留下了大量的屯堡历史遗存：古城墙围绕天台山，从半山腰用垒石建起的城堡式伍龙寺古刹群下临绝壁，现在是全国重点文物保护单位，被建筑大师张开济赞为"中国古代山地石头建筑的一组绝唱"。

山背后有明朝军队的兵器加

工场遗址；烟堆山上有明代烽火台残垒；龙眼山屯还有清朝时期修建的城墙、垛口、炮台、瞭望哨等残垣。

被称为"峡谷古城堡"的云山屯是屯堡文化村落中最完整地保存着石砌屯门、城楼、垛口、寨墙等古代军屯防御设施的村寨。

云山屯坐落在云鹫山峡谷中，寨前古树浓荫，两山夹峙，山势险峻，仅有一条盘山石阶可进入屯门，门洞深数十米，上有歇山顶箭楼高耸雄踞。

屯门两侧依据山岩地势砌成高6米、长十数米的石墙连接悬崖，并如长城般在两侧陡峭的高山卜蜿蜒合围。各显要位置分布14个哨棚。一条东西向石头主街纵贯全村，街两侧有高台戏楼、财神爷庙、祠堂以及老字号"德生昌"中药铺。

数条弯曲的小巷巧妙地将各家各户串联起来，住宅、碉楼等大部分建筑依山势的起伏呈阶梯状分布于两侧山腰，整个村落布局、道路设施和院落结构绝妙地完成了三重封闭性防御体系。

历史上这里曾商贾云集，现在店铺已不足百户，而且夹杂了不少新建筑，影响了景观的整体性。

屯堡文化村的本寨村落背靠云鹫峰，左右两边分别是姐妹顶山和青龙山，而宽敞清澈的三汊河，成为本寨正面的天然屏障。

这座村寨虽不大，但屯堡建筑格局保存最完整，现代建筑最少。在寨外远远望去，就能看到一片石板瓦顶上高耸着七八座碉楼。

本寨村四合院建筑比九溪村考究，因年代没有九溪那么久远，因而内部结构都还比较完好。钻进窄窄的巷道，穿过一户人家的过厅，天井对面突然耸起一座带有围墙的碉楼，碉楼的炮眼正对门厅。转过

围墙是碉楼正门，垂花门楼，门楼上部还有供人休息的"美人靠"。

走进碉楼，是一个小小的下沉式天井，天井中用片石砌出八卦图案，四周用青石筑起半米多高的屋基，两侧是半圆形雕花台阶，通主房的石级雕刻了精美的吉祥图案，连石屋基的侧面也刻有图案，房主可谓费尽心机。

主房和碉楼连成一体，楼梯在主房后部，无法进去。据估计，碉楼原为主人住宅，外围的厢房是下人住房。碉楼后还留有一段高高的石头寨墙。

在屯堡文化古村，除了与众不同的建筑群体之外，还有特色的娱乐、语言、服饰、宗教信仰和饮食等屯堡文化。

在娱乐方面，屯堡人的活动主要有地戏、花灯和唱山歌。地戏可以说是屯堡文化中最具魅力的民俗奇观，它与屯堡人亦兵亦农的生活

紧密相连，是屯堡人情感的张扬和寄托。

屯堡人尊崇儒、道、释之教义，以儒教为主，释、道为辅，坚持忠君报国、忠孝传家、仁义待人、尊老爱幼的儒家道统。

在语言方面，屯堡人始终坚持自己的江淮母语特征，发音中翘舌音和儿化音很明显，日常口语对话中大量使用谚语、歇后语和圆子话，显得生动活泼、幽默有趣。

在衣饰方面，屯堡妇女坚持古朴健俏的"凤阳汉装"，穿长衣大袖、系青丝腰带、穿鞋尖起翘的绣花鞋，头上挽圆髻，别银钗玉簪，保存了江淮古风。

在饮食习俗方面，屯堡人创造了自己的特色食品，如鸡辣子、腊肉血豆腐、油炸山药块和松糕、枣子糖、窝丝糖等。

总之，屯堡文化是一种个性鲜明、内涵深邃的地方文化。是江南文化在贵州高原不可多得的历史遗存，其中许多现象值得深入研究。

2001年，国务院将至今保存最为完整的屯堡村落云山屯、本寨古建筑群批准为全国第五批重点文物保护单位。

2002年，在安顺七眼桥镇出土的明代率军南征将军傅友德、沐英将军捐资建庙的石碑，证实了屯堡文化古村的来历。

2007年，七眼桥镇以"规模最大的保存最完整的明初文化村落群——屯堡"被列为世界吉尼斯之最。

知识点滴

在屯堡文化村落，还有与众不同的宗教文化。

屯堡人所信奉的神灵主要是以历史上有关军事方面的人物以及汉族所普遍崇拜的诸般信仰。如崇拜关羽、道士、巫婆、阴阳端公、山神等。

每逢农历五月十三日，屯堡人便要举行一次大规模的"迎菩萨"活动。彼时，各个村寨的屯堡人都举着用木头雕刻的"关圣帝"塑像，游场串坝，以供人瞻仰。

在屯堡，几乎每个村寨的大姓家族都设有祠堂、祭庙。而每家的堂屋正壁上均设有神龛，神龛下面又设置有神坛。

屯堡人供奉的神龛显得丰富而又复杂。既有佛教人物，又有坛神赵侯，还有祖先及有关诸神。在屯堡，随处可见大大小小的庙宇。

大芦村

　　位于广西壮族自治区灵山县，县城东郊外有一座号称"中国荔枝之乡的荔枝村""水果之乡的水果村"的大芦村。此村内外，从山坡、田垌到农家的庭院，满目果树葱茏，一年四季花果飘香。

　　大芦村始建于1546年，是广西目前较大的明清民居建筑群之一。古村内古宅共有9个群落，分别建于明清两代。最宝贵的是这里藏有300多副明、清时期创作的传世楹联，有着珍贵的人文历史研究价值和欣赏价值。

山东劳氏祖先始建大芦村

大芦村位于广西灵山县县城东郊，是广西3个著名古村之一。此村庄以古建筑、古文化、古树名列广西3个古村镇之首，具有民宅建筑古

老、文化内容丰富、古树参天、生态环境良好这4个特点。

相传，大芦村这里原本是芦荻丛生的荒芜之地，15世纪中期才开始有人烟，经过该村劳氏先民们的辛勤开发，到17世纪初已发展建设成为拥有15个姓氏人家并和睦共处的富庶之乡，为了使后辈不忘当初的创业艰辛，故而给村子取名"大芦村"。

大芦村的村内多以劳姓为主，而其祖先劳氏就是大芦村的创始人。据当地族谱的记载和口碑资料，大芦村劳氏先祖原在山东蓬莱洲的墨劳山，依山而姓"劳"。自隋朝进入中原寓居山阴。

宋末元初辗转到灵山县。明嘉靖年间，一位名叫劳经的儒生在大芦村建了镬耳楼，他的后代又建了三达堂等8组建筑群落。

各个群落的围墙内分别因地势由内而外依次递低的三五个四合院串联。每个群落内对长幼起居，男女、主仆进退都有严格的规定。

建筑群落的房梁、柱础、檐饰、木雕寓意吉祥，构图精美，彰显"十里不同风，百里不同俗"的习俗，堪称当时社会历史的缩影。

现存的大芦村劳氏古宅共有9个群落，从1546年至1826年才逐步完成。

劳氏先人自建造第一个宅院伊始，就刻意营造与周围环境和谐协调的优生养息氛围。"艺苑先设"，"健融凌云"，优良的生态环境和优秀的人才造就，相得益彰。

到19世纪末，人口累计总数不足800人的大芦村劳氏家族，拥有良田千顷，培育出县、府儒学和国子监文武生员102人，47人出仕做官，78人次获得明、清历代王朝封赠。富而思进，科宦之众，使得这个家族的基业得到不断的充实和扩展。

现在，古意盎然的大芦村是一座座已有百年以上历史的青砖建造的大宅院，院内雕梁画栋，古色古香。村边和村外，从山坡、田垌到农家的庭院旁，则是满目果树葱茏，一年四季花果飘香。几百年来的蓬勃发展使大芦村逐渐成为一个有着将近5000人口的大村场。

这些古宅都根据地形傍山建设，山环路转，并且都是在宅前低洼地就地取材挖泥烧砖烧瓦，之后附形造势，蓄水为湖。

各居民点间以几个人工湖分隔，相距咫尺，又可守望相助，而且又各以始建时所在地的物产或地形标志命名，如樟木屋、杉木园、丹竹园、沙梨园、荔枝园、陈卓园、榕树塘、水井塘、牛路塘等。

同时，每当家族添丁，芦村人又必定依照灵山传统习俗，栽种几棵品种优良的荔枝树，因此形成了现在所见的一系列由大大小小的人

工湖分隔开来，湛水蓝天，绿树古宅相映成趣，占地面积3万多平方米，具有岭南建筑风格，荔乡风韵的古宅群。

不过，大芦村古宅群积淀的民俗文化，最惹人注目的是那些传世楹联，也就是我们俗称的对联。据考证，大芦村的古宅中有300多副明、清时期创作，世代承传，沿用至今的楹联。

古宅中人逢年过节或喜事庆典，总是用鲜墨红纸将传世楹联重书一番，郑重其事地贴在约定俗成的位置上，几百年里从不更改。在我们现代人看来，这是一道古朴清新琳琅满目的民俗文化风景线，可在古宅中人心里的分量，那是先辈的遗泽，情感的寄托。

这些传世楹联，教诲人们修身养性，严于律己；劝导人们立身处世，德才为先；晓谕人们笃学励志，利己利国。

大芦村的古宅中人用楹联把门面、厅堂"包装"起来，不仅仅是"孤芳自赏"和家人受益，他们耳濡目染，潜移默化，陶冶情操，奉为行为规范，形成传统风尚。

这些传世楹联在过去几百年里以其独特的艺术感染力，曾经使乡亲邻里耳濡目染，产生共鸣，同获教益。是大芦村人自我勉励、自我教育的有力工具。在现在客观上仍然起到激励人、联络人、团结人的社会教育作用，具有促进树风村貌，推动人们与时俱进，发展生产经济的社会感应功能，具有普遍的教育性和实用性。

由劳宏道于1684年栽种在三达堂古宅前西侧的两棵香樟树以及位于村后的以北斗七星布局的七棵大毕木，是大芦古宅以外又一道耀眼的风景，这些参天的古树都见证了大芦古宅的辉煌和变迁！

就像记载着大芦村历史的一本本古书，无声地倾诉着古宅中漫长的历史。想当初，大芦古宅中人，种植这几棵樟树和毕木，除了以毕木来弥补"背后靠山"不足以外，其中还隐含了一种"笔（毕木）墨（村前池塘）文章（樟树）"的地理文化环境。

如今，这些古树大的要十几个、小的要五六个成年人才能合抱，但其仍然长得枝繁叶茂，生机盎然，且庄严肃穆，令人起敬。

知识点滴

著名的明清古建筑和楹联

　　规模宏大的大芦村明清古建筑群，是大芦劳氏祖先自明朝嘉靖年间迁至大芦村后，创业守承，逐年建立的。这些建筑群虽然历经了几百年风雨洗礼，至今仍完整地保持着明、清时期岭南建筑风格。

　　最具典型建筑是镬耳楼、三达堂、双庆堂、东园别墅、东明堂、

蟠龙塘、陈卓园、富春园和沙梨园九个群落，以及中公祠堂。

其中，劳氏祖居镆耳楼、三达堂、双庆堂3个院落均为东南朝向，平衡紧靠，组成一个民居区，三个院落之间有内门相通。东园为一个院落，坐东向西，自成一个民居区。两个民居区几近相望，中间有数个池塘相隔。

这些建筑群的主体部分居中，各有5座，每座3间，地势由头座而下依次递低。头座正中为一间神厅，其余各座中间为过厅，俗称二厅、三厅、四厅、前厅，两侧均为厢房。

由神厅至前厅为整体建筑物的中轴线，两侧的建筑物皆成对称结构。座与座之间，中部为天井，两侧为耳房，不仅利于采光，且形成一个四水归堂寄托聚财观念的格局。

附属建筑部分，由两旁及后背连成一个凹形的廊屋，前面有堡墙及堡门。两侧廊屋与主体之间各有一条甬道，并有横门相通，神厅后背及大门前各一个长方形围院。

屋顶结构主体部分为硬山顶，廊屋为悬山顶。个别过厅内有柱架或设有内檐。建筑材料多用土砖、火砖、木材、陶瓦、石块等，人们在檐房、斗拱、柱础、屏风、门窗等构件的雕刻上十分讲究，内容也非常丰富。

　　大芦古村传统建筑群的厅门、堂内和楼房等处悬挂的牌匾均是清朝时期所遗留下来的。这些牌匾雕刻手法不同，尺寸大小不一，皆有深刻的历史背景和文化内涵。

　　此外，厅门、堂内及楼房等处还悬挂牌匾多块，有诰封匾、贺赠匾、科名匾、家训匾等。

　　这九个古建筑院落的建筑布局严谨，构思巧妙，功能合理。木构架榫衔接，梁柱檩椽组成框架，抗震性好，空间上主次分明，内外有别，进出有序。

　　主建筑镬耳楼的结构功能最齐全，恪守规制，透露出浓烈的封建家族宗法观念气息，什么身份的家庭成员住哪种房间，从哪个门口进出，走哪一条路线，泾渭分明。

　　大芦村的9个古建群中，镬耳楼是大芦村劳氏家族的发祥地，即祖屋，又名"四美堂"。其建筑布局按国字形建造，由前门楼、主屋、辅屋、斗底屋、廊屋和围墙构成。1546年始建，1641年于前门楼和主屋第二进营造镬耳状封火墙，至1719年完成这一群落的整体建设。

镬耳楼具有浓烈宗法制度气息，这与其屋主身份地位不无关系。该楼的始建者劳经，在明朝嘉靖年间为县儒学庠生。大芦劳氏第四代世祖劳弦于明朝崇祯年间考选拔贡，由国子监毕业后，授内阁中书舍人，不久升任兵部职方司主政，并准请朝廷封赠三代祖先，将祖屋第四进"官厅"和前门楼的封火墙建成镬耳把手形，镬耳楼由此得名。

镬耳楼除在建筑结构上体现了宗法的严谨，从其悬挂的楹联也能看出当时家教森严，如在祖屋四座檐柱上有这样一副对联：

天叙五伦惟孝友于兄弟；
家传一忍以能保我子孙。

在祖屋四座顶梁上，又有这样一副对联：

知稼穑之艰难克勤克俭；
守高曾其规矩不愆不忘。

祖屋四座川柱上的对联，这样写道：

勤与俭治家上策；
和而忍处世良规。

镬耳楼因其两边山墙形似铁镬两边的耳朵而得名。明清时期的钦州灵山，官越大，屋山墙上的镬耳越大，这是其住宅的一种标志。

大芦村的劳氏第四代劳统在明末时期任三品官，所以屋山墙上的镬耳特别壮观。几百年来，大芦村的镬耳楼因其屋山墙的耳大而流传广泛。

大芦村的三达堂是古村内劳氏老二房发祥地，原名"灰沙地院"，是1694年至1719年建造的，占地4400平方米。

1746年大芦村劳氏开基200周年之际，老二房以孙子辈首发三支，对应当时由老长房居住的祖屋称为"四美堂"，取达德、达材、达智之义为居所起堂号"三达堂"，寓意"三俊"。

大芦村的双庆堂为大芦劳氏第十代的劳常福、劳常佑兄弟俩亲建于1826年，寓意"兄发弟泰，才行并关"，门户自成体系，而有过道相通，占地总面积约2900平方米。

房屋高广、宽敞、明亮，注重居所的实用性和舒适感。脊饰、檐饰、和椅、床榻、器具精工雕绘，讲究气派和排场。

由于三达堂与双庆堂在建筑风格上均追求优雅与精致，于是在这两座建筑的堂内对联就比其他群落的对联雅气许多，如三达堂四座水

柱外侧的对联为:

堂上椿萱辉旭日；

阶前兰桂长春风。

三达堂横门及大院届门对联为:

门前琪树双环翠；

户外方塘一鉴清。

大芦村的东园别墅是劳氏第八代孙劳自荣建于1747年。此建筑群占地7750平方米，由前门楼，院落，三位一体的老四座、新四座、桂香堂及其附属建筑组成。

整体的布局犹如迷宫，局部的设置典雅别致，装饰工艺精湛，气氛祥和，是古代因地制宜营造法式和书香世家的综合体现。

东园别墅的建筑风格与其屋主劳自荣性情廉洁、器量宽宏、崇尚实行、追求脱俗的性格相呼应，如：

上书房对联为：

涵养功深心似镜；

揣摩历久笔生花。

下书房对联：

鱼跃鸢飞皆性道；

水流花放是文章。

二座对联：

东壁书有典有则；

园庭诲是训是行。

别墅的主人劳自荣自幼英敏，以诗文见长， 20岁即创建犹如迷宫似的"东园别墅"。别墅内张挂的对联为：

积善之家必有余庆；
资富能训唯以永年。

据说这副对联是嘉庆皇帝的御师冯敏昌创作并亲笔书写赠给劳自荣的。劳自荣59岁任修职佐郎时，与老乡冯敏昌在京城相会认识，并结为忘年之交。于是，冯敏昌便书写了上面这副对联赠予劳自荣。

劳自荣对冯敏昌的墨宝珍惜有加，带回家后，填其真迹在木板上，雕刻制成凸金字匾，作为故居第五座的顶梁对。

大芦村古建筑群，蕴含着丰厚的民族文化，而楹联文化在其中占了很大的分量。

如果将大芦村的古建筑看作一幅风景画，那么那些挂于门楣、楹柱上的楹联绝对是其中的点睛之笔。

现在，人们在大芦村共搜集到新老楹联共173副，这其中有自明、清以来沿用了数百年、位置相对固定的古联。这些对联的内容涉及天文、地理、历史、生活等多方面。从内容上来看，可分为祖籍联、春联和其他联三大部分。

其中，祖籍联可分为大门对和顶

梁对两种；春联可分为福、禄、寿、喜联，平安吉祥联，迎春接福联，心愿期望联，孝悌报国联，安居乐业联和勤俭持家联，劝学长志、修身养性和乐善好施联，以及天伦礼仪和和睦相处联八种；其他类分为堂室联、祝寿联和挽联等。

祖籍大门联，如镂耳楼的大门对联为：

武阳世泽；江左家风。

双庆堂的大门对联为：

书田种粟；心地栽兰。

大芦村的顶梁对多是写家族祖先的功德和勋劳的。如镂耳楼太公座顶梁对联为：

祖有德宗有功惟烈惟光永保衣冠联后裔；
左为昭右为穆以燕以袍长承俎豆振前徽。

楹联是我国文学艺术的组成部分，也是建筑艺术的组成部分。它还可以融书法、雕刻的技巧为一体，美化建筑的形象，给人们以美的享受。

综观大芦村这些延续了几百年的传世楹联，既有写景状物、抒情寄怀的；也有教诲人们修身养性、严于律己、持家报国的。这些对联传承了劳氏家族治家、治学和为人处世的理念。它们是一道古朴清新、琳琅满目的民俗文化风景线，是古宅群内丰厚的文化积淀。为此，1999年，大芦村被授予广西"楹联第一村"荣誉称号。

此外，在大芦村宅院的前后、水岸边，还有众多吸纳了几百年日月精华和山水灵气的荔枝树、香樟树、毕木树，它们树皮苍裂，斑斑驳驳，枝杆如虬，或高大挺拔，或曲杆而探枝，苍翠盘郁，就像一座座巨型盆景，似一幅幅立体的图画，如一首首具有生命的诗歌。

2005年大芦村被国家旅游局评为"全国农业示范点"。2007年，再次被国家旅游局评为第三批"历史文化名村"。

知识点滴

在大芦村，除了拥有古老的建筑群、对联和古树之外，还保留着许多特别的风俗习惯。自从1659年在北京兵部职方司主政任上急流勇退的第四代祖劳弦，在渡洞庭湖遭遇狂风暴雨大难不死，每年农历七月十四全族吃茄瓜粥"以示不忘祖德"，至今不改。

每年农历八月十八 "大芦村八月庙"的晚上，在镶耳楼和三达堂背后参天毕木下，古宅中人世代传授的"老师班"，在月光下，敲锣打鼓吹唢呐，戴着面具"跳岭头"，亲朋好友及乡里乡邻，欢聚一堂。

诸葛八卦村

　　诸葛八卦村，原名高隆村，位于浙江省兰溪市西部的群山中，是迄今发现的诸葛亮后裔的最大聚居地。该村是由诸葛亮的第二十七世孙于元代中后期营建。至今已有600多年的历史了。

　　该村地形中间低平，四周渐高，形成一口池塘。村中建筑格局按"八阵图"样式布列，且保存了大量明清古民居，是国内一处举世无双的古文化村落。

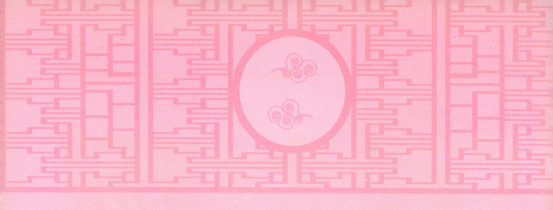

诸葛亮后裔按八卦布局建村

　　在浙江省中西部兰溪境内，有一个古老的村庄，因其布局而神奇，因其祖先而出名，它就是诸葛八卦村。

　　诸葛八卦村，原名高隆村，据说，这座古老的村庄是由诸葛亮的第二十七世孙诸葛大狮于元代中后期开始营建的。

　　村中建筑格局按"八阵图"样式布列，据历史记载，诸葛亮的第十四世孙诸葛利在浙江寿昌县任县令，死在寿昌。他是浙江诸葛氏的始祖。

　　诸葛利的儿子诸葛青于1018年迁居兰溪，诸葛青的一个儿

子诸葛承载在兰溪传了10代，到诸葛大狮举家迁到高隆，原因是因原址局面狭窄，觅得地形独特的高隆岗，不惜以重金从王姓手中购得土地，以先祖诸葛亮九宫八卦阵布局营建村落。

从此诸葛亮后裔们便聚族于斯、瓜瓞绵延。到明代后半叶，已形成一个建筑独特、人口众多、规模庞大的村落，是诸葛亮后裔最大的聚居地。

诸葛八卦村是按九宫八卦设计布局的，整个村落以钟池为核心，一半水塘一半陆地，一阴一阳，两面各设一口水井，形成极具象征意义的鱼形太极图。

村内所有的建筑均环池而筑，按坎、艮、震、巽、离、坤、兑、乾八个方位排列，并由八条巷道向四周辐射，形成内八卦图案。更为神奇的是，村外还有8座小山环抱整个村落，构成外八卦。

正因为古村的如此布局，所以古村又被称为"中国第一奇村"。

该村庄不仅布局奇特，村中古民居也非常少见。

村内大部分住宅都是依据地形而造，分布在起伏的山坡上，从前到后逐渐升高，叫做"步步高"。住宅的门头，都是精美的以苏式雕砖门头为主要特色，有雕刻精致的牛腿、斗拱、月星等。在几乎所有的民居外门大门外都装有两扇矮门。

这些民居一般有两层楼，上面的楼通常只作储藏之用，一层房屋当中为天井，风水术士说：门厅有堂门，上房堂屋有太师壁，二者平面合成一个"昌"字，有利于发家。

前厅后堂楼建筑是前进为落地大厅，单层，以迎宾接待客人之用。后进有房有楼，为住室生活场所。大厅高敞宏阔，很有气派，大厅前有左右两厢和天井。前后可以穿通，三进房子的屋脊，从前到后一个比一个高，叫"连升三级"。

另外，村内很多民居大堂内天井照壁上写的"福"字也很特别，仔细观察，可以发现，这个"福"字的结构组合，左边偏旁为鹿，谐音"禄"字，右边偏旁为"鹤"，"鹤"代表长寿，而暗藏个"寿"字，鹿鹤相逢为"喜"，本字为"福"。也就是说，它蕴含着福、禄、寿、喜这4个字。

在古村内，还有一种奇特的现象是，窄巷中相对的两家人家门不相对，而是错着开，全村无一例外。当地人管这种做法叫"门不当，户不对"，是为了处理好邻里关系。

除此之外，八卦村的民居多为四合院式建筑，四面封闭，中留空间。而房屋的前沿比后沿高，每到下雨，几乎所有的雨水都聚集在自家院内，这种做法叫"肥水不外流"。

八卦村布局结构清楚，厅堂、民居形制多、质量高，宗祠的规模宏大、结构独特，各种建筑的木雕、砖雕、石雕工艺精湛，建筑豪

华，结构丰富。

虽然历经几百年岁月，人丁兴旺，屋子越盖越多，但是九宫八卦的总体布局一直不变。据说，这是中国第一座八卦布局的村庄。

整个村子就是一个巨大的文物馆，其"青砖、灰瓦、马头墙、肥梁、胖柱、小闺房"的建筑风格，成为我国古村落、古民居的典范。

知识点滴

作为中国第一奇村，诸葛村还有三奇：

一是全村绝大多数村民都是1700多年前蜀国宰相诸葛亮的后代。换句话说，满村的人几乎全是姓诸葛，或是嫁到诸葛家的妇女，只有极少数不是诸葛家族的成员。据人口统计得出，这里的诸葛亮后代占所有的诸葛家族人数总量的四分之一。

二是它的布局精巧玄妙，从高空俯视，全村呈八卦形，房屋、街巷的分布走向恰好与历史上写的诸葛亮九宫八卦阵暗合。

三是这里完整保存了大量元明清三代的古建筑与文物。700多年来的朝代更替、社会动乱、战火纷飞，不知多少名楼古刹、园林台阁，或焚于战火，或毁于天灾，但这座大村庄却像个世外桃源，远离战火，避过天灾，躲过人祸。

八卦村内的明清古建筑

　　诸葛八卦村位于浙江省金华市兰溪市西部，此村始建于宋元时期，后代屡有续建、改造，至清康乾时盛极一时。

　　目前，全村保存明清古建筑200余间，散布于村中的小巷弄堂间，原汁原味，古风犹存。这其中，最具代表性的是村中的祠堂建筑。

　　据说，极盛时村中有各类祠堂18处，大多雕梁画栋，工艺精湛。现存大公堂、丞相祠堂是其中的佼佼者。

　　其中，大公堂位于村的中心，坐北朝南。前面有一个名为"钟池"的水塘，钟池有一道墙，正面是一幅大八卦图，背面是一个"福"字。大公堂位于钟池北侧，始建于明代，据说是江南地区仅存的诸葛亮纪念堂。

祠堂前后五进，建筑面积700平方米。里间十分开阔，可供数千人举行活动。大公堂建筑用材十分讲究，明间金柱腹部圆周2米以上，为典型的"肥梁胖柱"式建筑。细部雕刻十分精美，各种质料、各种雕刻技法一应俱全，堪称杰作。

堂内壁上绘有三顾茅庐、舌战群儒、草船借箭、白帝托孤等有关诸葛亮的故事壁画。堂外围墙旁现存六株龙柏，暗示诸葛后人六族繁衍，人丁兴旺。

门庭飞阁重檐，上悬一块横匾"敕旌尚义之门"。顶层有1439年明英宗所赐盘龙圣旨立匾一方，表彰诸葛彦祥赈灾捐谷千余石的义举。门两旁分书斗大的"忠""武"两字。整座建筑古朴典雅，气势恢

宏，保存完好。

与大公堂相距百米处，是为纪念诸葛亮而修建的丞相祠堂。此祠堂面积1400平方米，坐东朝西，平面按"回"字形布局，有屋52间，由门厅、中庭、庑廊、钟鼓楼和享堂组成，古朴浑厚，气势非凡。

祠堂雕梁画栋，门窗栏杆等部件均雕刻精细，美不胜收。中庭是祠堂最精彩的部分，中间四根合抱大柱，选用上好的松、柏、桐、椿四种木料制成，取"松柏同春"之意，祈求家族世代兴旺。

中庭两边庑廊各七间，塑诸葛后裔中的杰出人士，用来激励诸葛子孙们奋发向上，成就一番事业。

从庑廊拾级而上，两旁分列钟、鼓二楼。祠堂最后是享堂，中间塑有诸葛亮塑像，高2米有余，两侧分侍诸葛瞻、诸葛尚及关兴、张苞像，气韵生动，呼之欲出。

除了上述二堂，八卦村内还保存着许多明清古建筑，这些建筑包

括钟池、天一堂、雍睦堂、农坊馆等，它们鳞次栉比，错落有致，仿佛颗颗璀璨的珍珠，散落于村中的每个角落。

八卦村的钟池位于村的中心，在大公堂正前面，面积2400平方米，它的边上是一块与它逆对称面积的陆地，村民用以晒场之用。

《易经》上说："东南为阳、西北为阴"，再加上"天圆地方"之说，空地和钟池正呈阴阳太极图形。陆地靠北和钟池靠南各有一水井，正是太极中的鱼眼。

钟池和空地四周全是房屋，形成了一个闭合的空间，沿塘周围是一圈路，塘的北岸西头是大公堂的院门，东西有一小花园，美人蕉的片片绿叶和红红的石榴花衬托着大公堂的影子不时倒映在钟池中。

钟池的南岸是一个陡坡，顺着陡坡而建的几幢大房子从北岸望去一幢比一幢高，加上前面贴水处还有一溜小平房，跌宕起伏，轮廓线大起大落，景象峭拔而优美。

从钟池的正门边向东而去的一条十分幽深的巷子，一层层的台阶上坡，左侧是绿荫如盖的园子，右侧是一排排住宅的后墙，这条巷子是通往村中十八厅堂之一积庆堂的。

钟池东面的巷子很平直，二侧密排着木披檐的门罩，几家苏式磨砖门面特别精致，巷子尽头向右转弯就是丞相祠堂的侧门。

南面上坡的弄堂拾级而上之后是下坡石阶，此巷内又有多条窄弄相连。八条小巷似通却闭，似连却断，虚虚实实，犹如一张蜘蛛网，又宛如一座迷宫。

古村内的天一堂创建于清同治年间，距今140多年，创始人诸葛棠斋是诸葛亮第四十七代后裔。他生于1844年，原是儒士，国学生，钦加五品衔。后弃儒辞官经商，致力于药业经营。

村内天一堂大部分建筑已毁。但天一堂的后花园保存完好。花园

建在诸葛村最高点大柏树下，亭子和回廊保存至今，站在亭子里能看见诸葛村的全貌，亭园中有几百年树龄的松柏、杜仲、银杏，还种植几百种药材供人观赏。参天的常青树，四季不凋的花草。

有竹、有松、有蕉、有萝、有兰、有假山、有小桥、有流水，云烟轻绕，禽鸟和鸣，还养有梅花鹿。有蛇池、鱼池等，是一个中药活标本园。

诸葛村原有3个药店，小病不看医，购药不出村，伤风咳嗽妇妪皆知用药。寿春堂就是其中之一，寿春堂购物柜中中药材琳琅满目，有祖传秘方配制的药酒配料和八卦茶，各种保健药材，应有尽有。

村内现存的"寿春堂"药店，是经过重新整修的，堂正中间堂楣有一古匾，上书"寿春堂"3个大字，两旁金柱上有一副很有寓意的对联：

但愿世上人无病；

何愁架上药生尘。

古村内的雍睦堂建于明正德年间，是仲分宗良公享祀厅堂，门面以苏式砖雕装饰，精美而华丽。中央部分突出于两侧檐口之上，成三楼式，檐下有砖的小斗拱，枋上有"亚"字纹，上方的竖匾刻有"进士"两字。

两侧的墙全是平整的素面，烘托出中央的富丽精细和轮廓跳动。顶上有一葫芦，上插方天画戟，使得整个门面显得有节制、有层次也相当明快。气势雄伟而壮观。

雍睦堂共三进，门前有一小广场。左边有一侧屋，右边隔一小弄，是保存很好的楼上厅宅。

清嘉庆年间仲分进士梦岩公倡首大修一次，后几经重修现予以恢复。除了天一堂、寿春堂和雍睦堂之外，在八卦村内，还有一处体现

民俗文化的农坊馆，里面有作板、古老的织布机、碾坊、碾盘、油坊、炒锅、小手磨等。

另外，在古村内，还有崇信堂、明德堂、乡会两魁等建筑群。其中，代表诸葛家族世代荣耀的乡会两魁在村内最宽大的一条小路边，门匾上方写着"乡会两魁"几个大字。

村落景观多样而优美，即有鳞次栉比的古建筑群，专家学者们称其为"江南传统古村落、古民居典范"。是目前全国保护得最好，群体最大，形制最齐，文化内涵很深厚的一个古村落。

1996年，诸葛八卦村被国务院列为全国重点文物保护单位。

知识点滴

据说，创建古村内天一堂的诸葛棠斋先生精于鉴别药材，善于经营管理，习药经商恪守"道地药材""货真价实""童叟无欺"，以"敬业""为民"为办店宗旨，十分重视本店声誉与商业道德。

如"天一堂"精制的全鹿丸，"天一堂"监制的"诸葛行军散""卧龙丹"皆按古方配料精制而成，疗效显著，为家藏必备良药。

诸葛棠斋也成为当时浙江药业界的佼佼者。